L'ORANGERIEFÜHRER

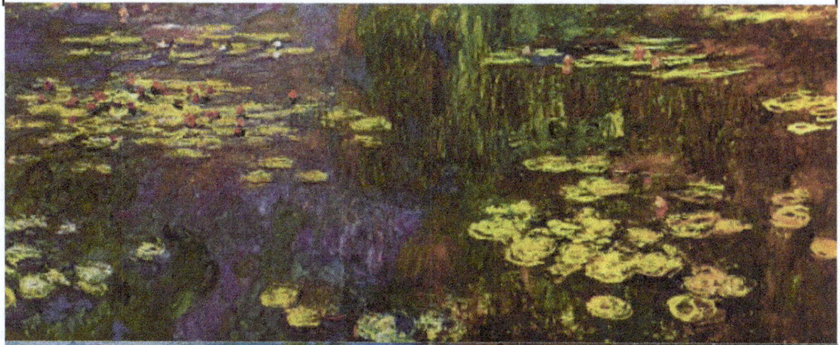

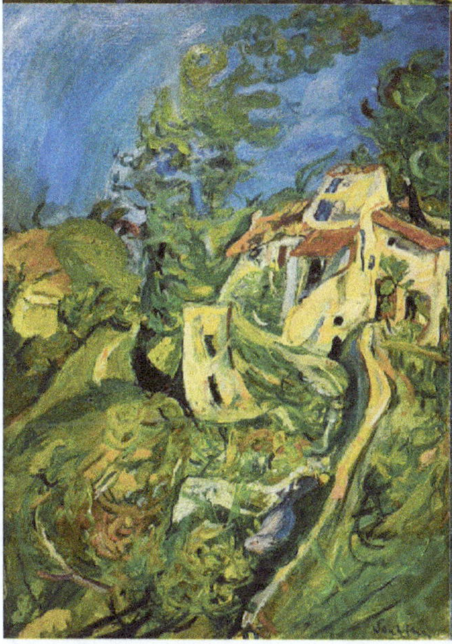

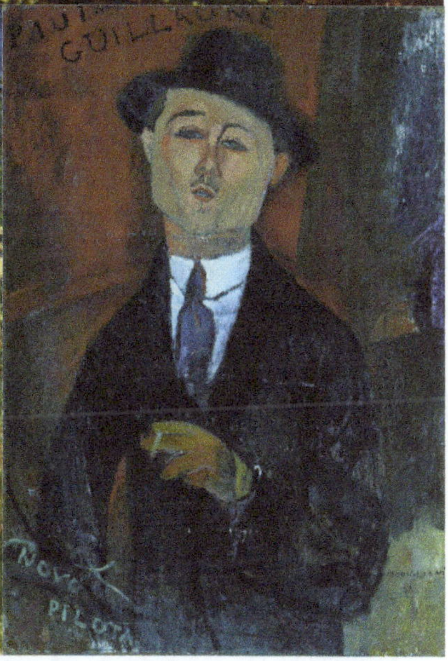

INDEX

L'ORANGERIEFÜHRER

L'ORANGERIEFÜHRER

Das Museum beherbergt eine beeindruckende Gemäldesammlung Impressionisten und Postimpressionisten von renommierten Autoren wie: Monet, Renoir, Cézanne, Alfred Sisley, Henri Rousseau (Le Douanier), Amedeo Modigliani, Chaïm Soutine, Matisse und Picasso, Maurice Utrillo, André Derain, Marie Laurencin und Van Dongen.

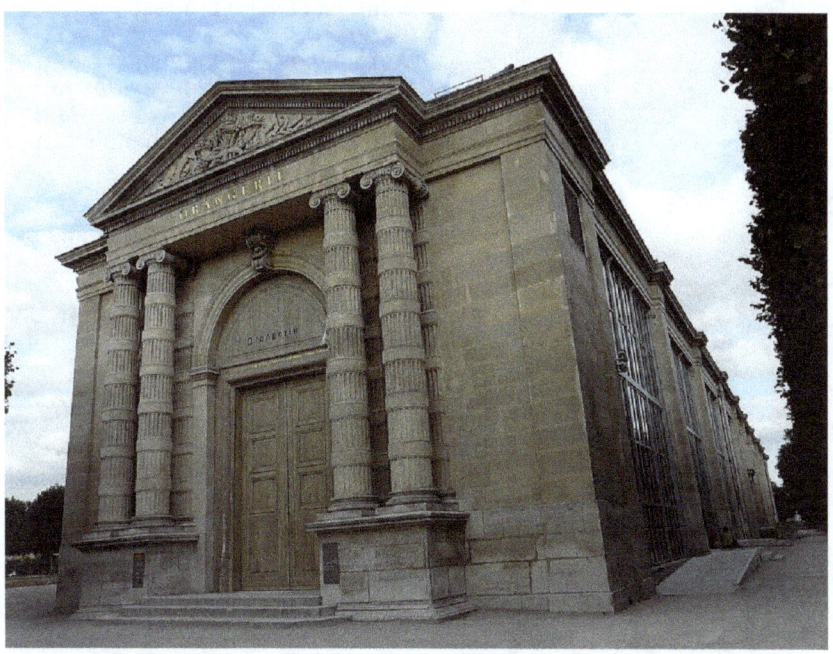

Es befindet sich im Tuileriengarten am Ufer der Seine, in einer ehemaligen Orangerie, von der es auf Französisch seinen Namen hat. Das Gebäude wurde 1852 von Napoleon III. erbaut. Es befindet sich in den Gärten des Tuilerienpalastes. Es sollte als Orangerie dienen und wurde von Bourgeois und Louis Visconti entworfen. Große Fenster öffneten sich zur Seine.
Später hatte es verschiedene Nutzungen: Lager, Schule und provisorische Kaserne.

Im Jahr 1921 wurde es ein Anbau an das Luxemburger Museum.
1965 erhöhte der Architekt Olivier Lahalle das Gebäude auf zwei Ebenen und baute eine monumentale Treppe, die den Zugangsraum zu den Seerosen veränderte.
In den 1980er Jahren wurde La Orangerie schließlich zu einem vom Louvre unabhängigen Nationalmuseum.

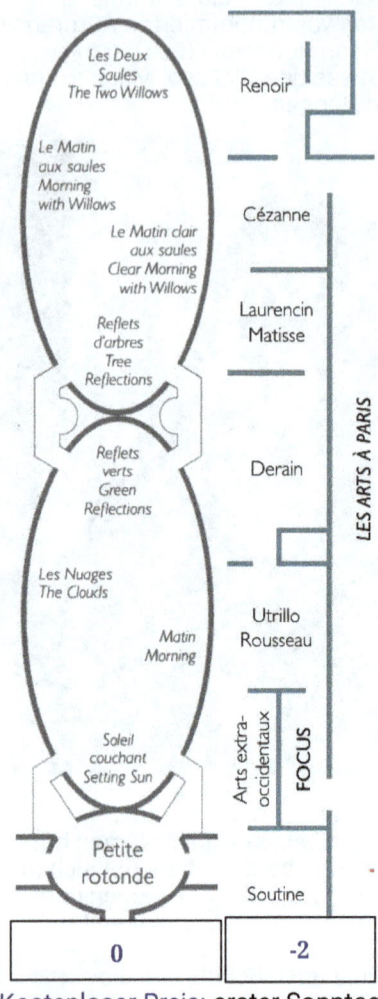

Das Museum hat 3 Ebenen: 0, -1 und -2.
-Die Seerosen von Claude Monet befinden sich im Erdgeschoss (Ebene 0).
-Auf Ebene -1 befindet sich hier die Cafeteria und der Souvenirladen.
-Die Sammlung Jean Walter-Paul Guillaume befindet sich auf Ebene -2.

Zeitpläne:
Von Dienstag bis Sonntag, von 9 bis 18 Uhr.
Teilnahmeschluss: 17:15 Uhr
Die Zimmer schließen um 17:45 Uhr.
-Geschlossen: Dienstag, 1. Mai, 14. Juli vormittags und 25. Dezember.

Preise
-Normalpreis: 12,50 €
-Ermäßigter Preis: 10 €
-Ermäßigter „Enfant et Cie"-Tarif für maximal 2 Erwachsene mit rechtmäßigem Aufenthalt in der Europäischen Union, die einen Minderjährigen unter 18 Jahren begleiten.
-Kombinierter Tarif: Orangerie + Orsay-Museum (kann innerhalb von 3 Tagen nach dem Kauf genutzt werden. Gültig für einen Zugang zu jedem Museum).

-Kostenloser Preis: erster Sonntag im Monat. Es kann nicht an den Ticketschaltern erworben werden. Eine Online-Reservierung ist unter Angabe eines festen Zeitplans zwingend erforderlich.

Carte Blanche
Karte, mit der Sie für die Dauer Ihres Abonnements uneingeschränkten Zugang zum Orsay-Museum und zum Orangerie-Museum haben.

Bevorzugter Zugang und ohne Warteschlangen. 10 % Ermäßigung im Restaurant und Souvenirshop; 5 % Rabatt auf Bücher.
Für Führungen und den Verleih von Audioguides gibt es ebenfalls Ermäßigungen.

Mitglieder erhalten ermäßigte Eintrittspreise in den Museen von Paris, darunter im Rodin-Museum, im Impressionistenmuseum von Giverny, im Théâtre de la Colline und im Verkehrsnetz der Ile-de-France.
Zweimonatlicher Newsletter mit Informationen zu Museumsausstellungen und Sonderangeboten für Mitglieder bei Pariser Messen.

Orsay Museum, Eingang durch Tor A1 ab 9:00 Uhr.

1-Jahres-Modalität
-Allgemeine Einzelperson: 52 €.
-Allgemeines Duo: 79 €. (für zwei Personen)
-Junge Person: 25 €.
-Junges Duo: 40 €. (für zwei junge Leute)

2-Jahres-Modalität
-Allgemeine Einzelperson: 95 €.
-Allgemeines Duo: 145 €. (für zwei Personen).
-Junge Person: 45 €.
-Junges Duo: 74 €. (für zwei junge Leute).

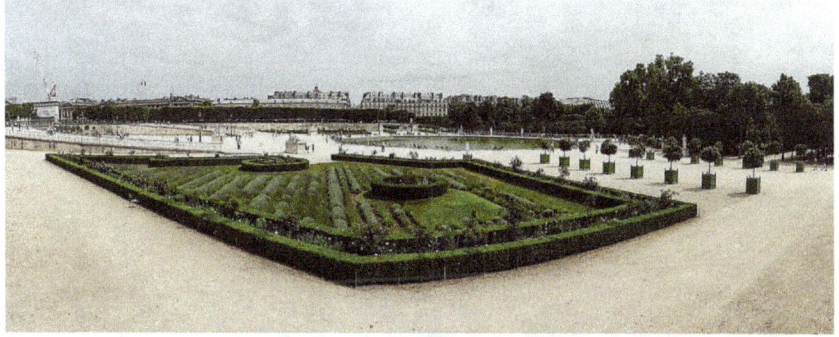

Sie können das Beitrittsformular per Post einreichen und erhalten Ihre Freikarte per Post. Wenn Sie das Formular an der Museumskasse abgeben, erhalten Sie Ihre Carte Blanche direkt vor Ort.

Offizielle Website: **www.musee-orangerie.fr**
Telefon: **+33 1 44 50 43 00**

Es empfiehlt sich, Tickets frühzeitig online zu kaufen.
Online gekaufte Eintrittskarten haben innerhalb von 30 Minuten nach der reservierten Zeit Vorrang.

Empfohlene Mindestdauer für den Besuch: 1 Stunde und 30 Minuten bis 2 Stunden.

Lage: zwischen Place de la Concorde und dem Louvre-Museum.
(Befindet sich etwa 250 Meter vom Place de la Concorde und etwa 350 Meter vom Jardin des Tuileries entfernt).
Nächste U-Bahn-Stationen: Concorde und Tuileries.
Zugang zum Museum
•Tür an der Kreuzung zwischen Rue de Rivoli und Place de la Concorde.
•Tür an der Kreuzung zwischen Rue de Castiglione und Rue de Rivoli.
•Tor in der Rue de Rivoli in der Rue du 29 Juillet (in der Nähe der U-Bahn-Station Tuileries)
•Fußgängerbrücke Sédar Senghor (Quai des Tuileries)

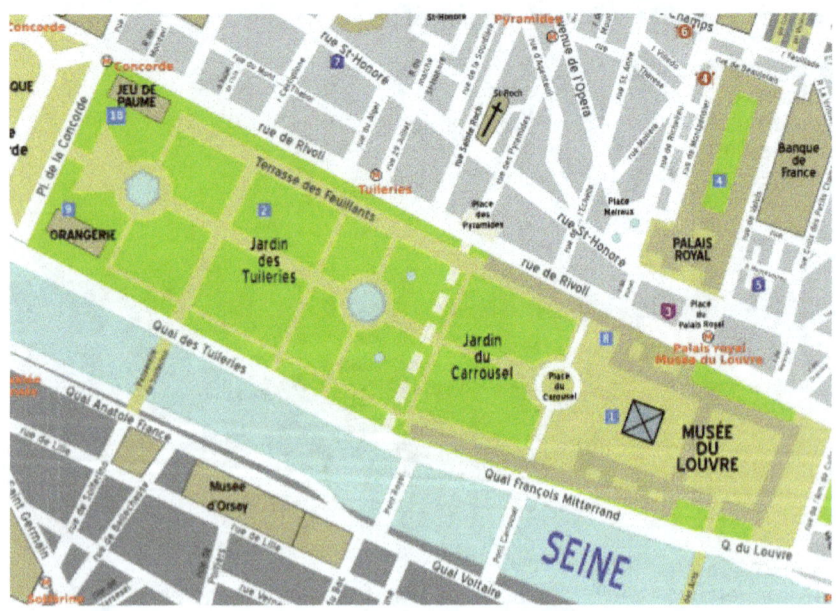

Metro/RER: Linien 1, 8, 12, Station Concorde
Bus: Linien 24, 42, 45, 52, 72, 73, 84, 94, Haltestelle Concorde.

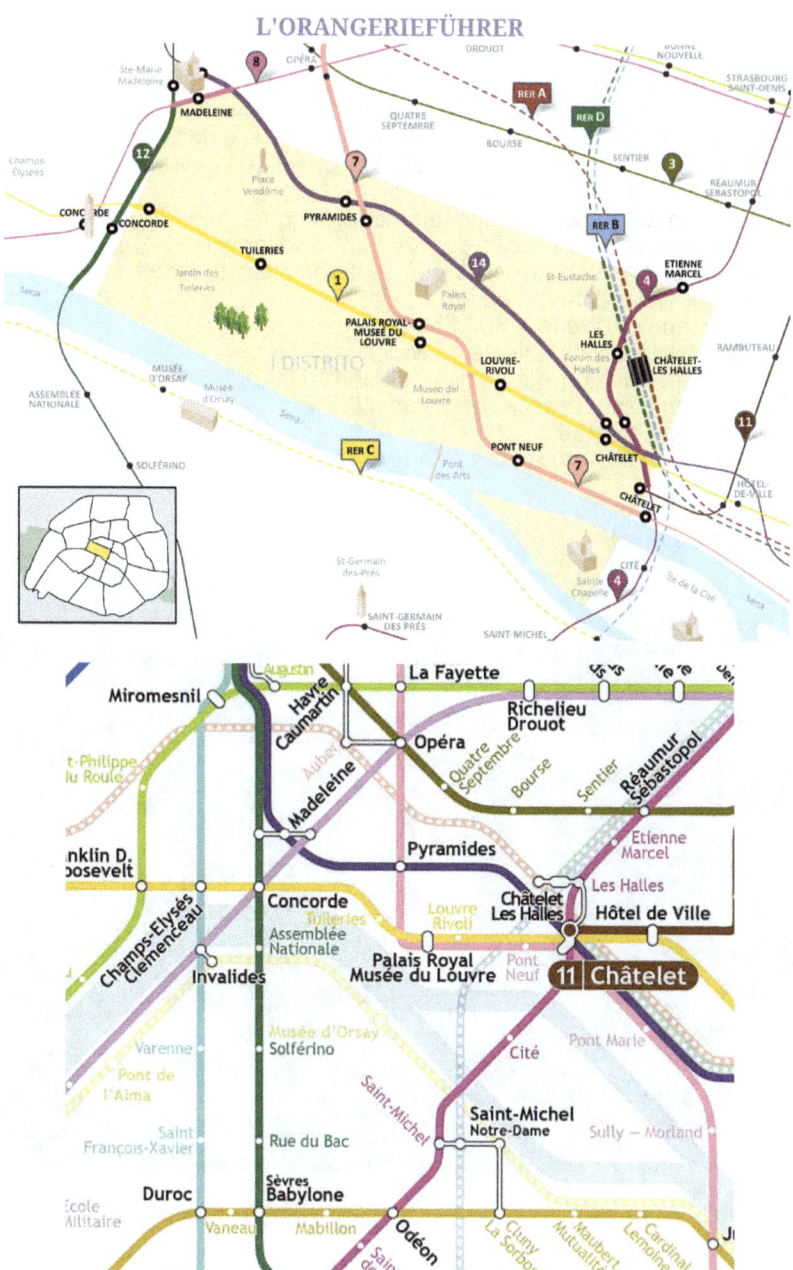

Vélib-Stationen:
Cambon-Rivoli (Nr. 1020), Assemblée Nationale (Nr. 7009), Quai Anatole France-Musée d'Orsay (Nr. 7110), Quai d'Orsay-Invalides (Nr. 7112), Place de la Concorde (Eckallee). Gabriel und Place de la Concorde), Pyramides (15, rue des Pyramides), Carrousel du Louvre (Zugang über Avenue du Général Lemonnier).
Vélib ist ein Selbstbedienungsservice für mechanische (grün) und elektrische (blau) Fahrräder, der rund um die Uhr in Paris und der Metropolregion mit mehr als 1.400 Stationen verfügbar ist.
-Preise für Gelegenheitsnutzer:
•30 Minuten/1 €. Weitere 30 Minuten: 2 €.
•45 Minuten/3 €. Zusätzliche 45 Minuten: 2 €.
-24-Stunden-Pass für mechanische Fahrräder/5€.
-24-Stunden-Pass für Elektrofahrräder/10 €.
-72-Stunden-Pass/20 €.
https://www.velib-metropole.fr/offers#p

Taxistand:
252, rue de Rivoli

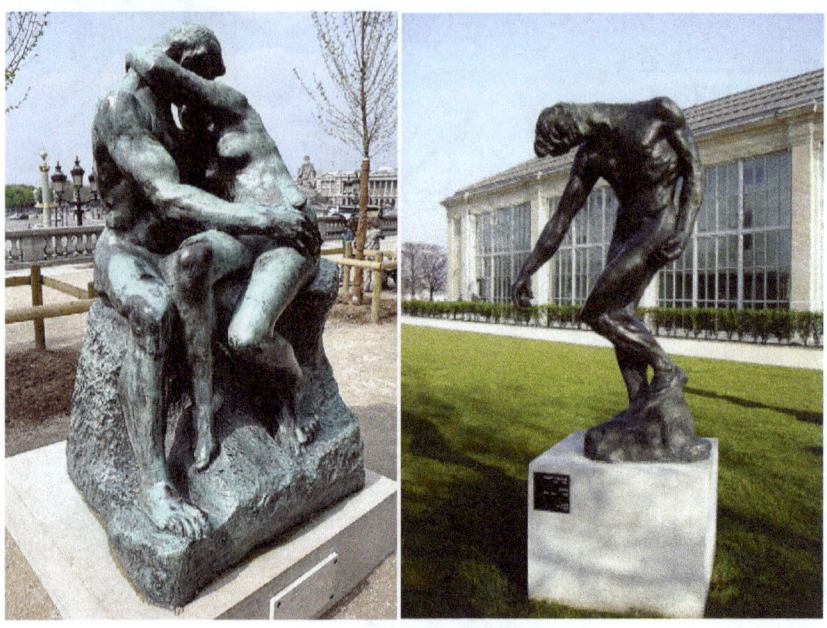

Das Fahren mit Einrädern oder Zweirädern ist im Jardin des Tuileries verboten.

Alle Räume sind für Rollstuhlfahrer zugänglich.
Es gibt eine kostenlose Garderobe, sofern das Gepäck die Kabinengröße nicht überschreitet.
Verleih von Rollstühlen und Gehstöcken. Wird an der Garderobe unter Vorlage eines Ausweises verlangt.

Für Personen mit eingeschränkter Mobilität oder mit Kinderwagen gibt es Aufzüge.

Auf **Ebene -2** gibt es einen Wasserbrunnen im Toilettenbereich und zwei Bereiche für Babys: einen in den Damentoiletten (in der Nähe).
des Auditoriums) und eine weitere in den gemischten Toiletten (in der Nähe der Werkstatt).

Verloren und gefunden
Telefon: +33 (0) 1 44 50 43 00
E-Mail: information@musee-orangerie.fr

-Kostenloses WLAN im gesamten Museum: Museo_Orangerie_Público
information@musee-orangerie.fr

Sammlungen
-**Paul Cézanne** (1839 - 1906, Aix-en-Provence, Frankreich)
 •Porträt von Madame Cézanne (1890)
-**Alfred Sisley** (1839 - 1899 Moret-sur-Loing, Frankreich)
-**Claude Monet** (1840 - 1926 Giverny, Frankreich)
   •Les nymphéas (1895 - 1926)
   •Die Wolken (1923-1926)

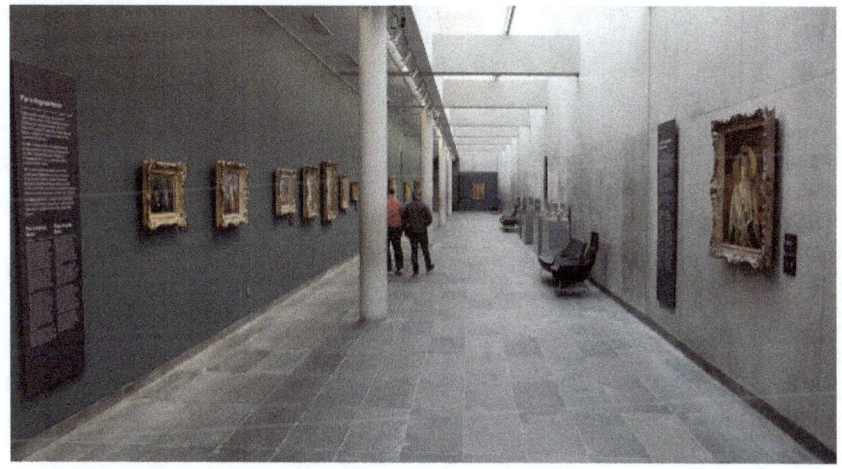

-**Auguste Renoir** (1841 - 1919 Cagnes-sur-Mer, Frankreich)
  - •Femme nue dans un paysage (1883)
  - • Portrait de deux fillettes (1892)
  - •Baigneuse aux cheveux longs (1896)
  - •Yvonne und Christine Lerolle am Klavier (1898)
  - •Femme nue couchée (Gabrielle) (1907)
  - •Claude Renoir in Clown (1909)
  - •Femme accoudée (1919)

-**Henri Rousseau,** Le Douanier (1844 - 1910 Paris, Frankreich)
  - •La Carriole du Père Junier (1908)

-Henri Matisse (1869 - 1954 Nizza, Frankreich)
-**Théodorus van Dongen** (1877 - 1968 Monaco)
-**André Derain** (1880 Chatou - 1954, Garche, Frankreich)
-**Pablo Picasso** (1881 - 1973 Mougins, Frankreich)
•Großer Badegast (1921-1922)

-**Marie Laurencin** (1883 Paris – 1956 Paris, Frankreich)
-**Amedeo Modigliani** (1884 - 1920 Paris, Frankreich)
•Antonia (1915)

-**Chaïm Soutine** (1893 - 1943 Paris, Frankreich)
-**Maurice Utrillo** (1883 - 1955 Dax, Frankreich)

CLAUDE MONET (Ebene 0)

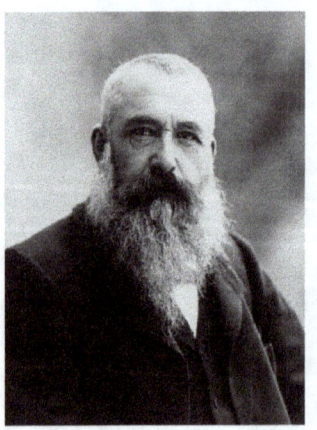

Einer der Schöpfer des Impressionismus, der sich von seiner ersten realistischen Phase zum Impressionismus entwickelte, dessen Name von einem seiner Gemälde abgeleitet ist, das er betitelte: Impression, aufgehende Sonne (1872).

Er malte alle seine Werke immer im Freien, von der Skizze bis zum Ende.
Er stellte seine Gemälde zusammen mit Degas und Renoir aus.
Im Jahr 1890 begann er mit wiederholten Serien desselben Objekts mit unterschiedlicher Beleuchtung, die einen Stil begründeten, der näher an der Abstraktion als am Realismus lag, wie etwa die Kathedrale von Rouen und 1906 die von André Masson beschriebene Serie des Seerosenteichs seines Hauses in Giverny als Sixtinische Kapelle des Impressionismus.
Licht ist das Hauptelement seiner Arbeit, dem Formen und Figuren

untergeordnet sind.

Mit seinen freien, schnellen und lockeren Pinselstrichen stellt er die Wirkung von Licht auf Formen und Objekte dar.

In seinen letzten Jahren zerstörte Monet viele seiner unvollendeten Werke, da er nicht wollte, dass seine Skizzen verkauft wurden.

Er wurde von Wassily Kandinsky bewundert und Marc Chagall beschrieb ihn als den Michelangelo unserer Zeit.

Argenteuil

Dieses Gemälde wurde von Frau Domenica Walter erworben und ist das einzige Werk von Monet, das zur Guillaume-Walter-Sammlung gehört. Es wurde 1875 gemalt, als Monet in Argenteuil lebte, einem Fischerdorf in der Nähe von Paris.

Der starke Kontrast und der Perspektivbruch fallen auf.

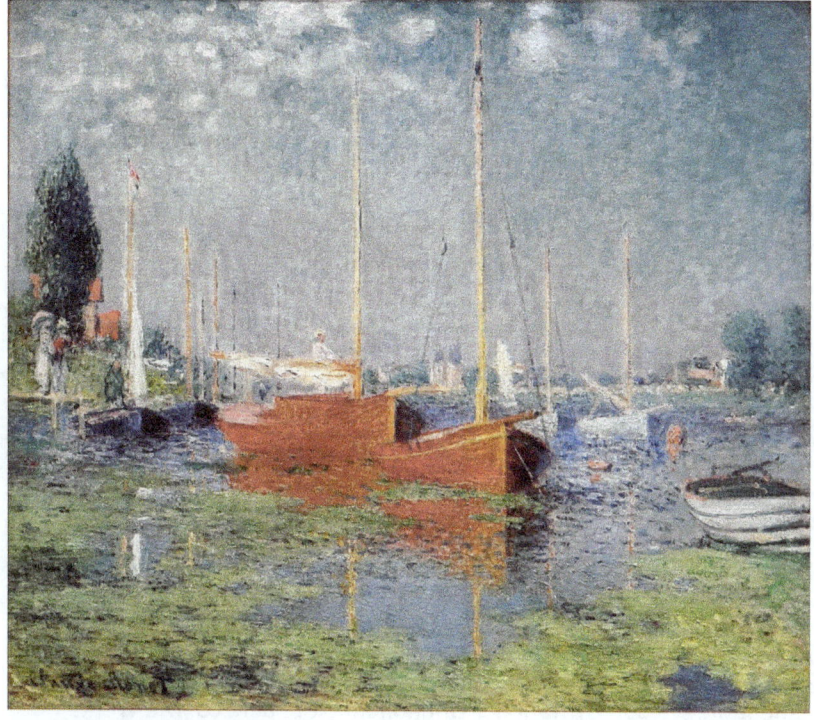

Monets Seerosen (Ebene 0)

Der französische Premierminister **Georges Clemenceau,** ein großer Freund von Monet, schlug dem Maler vor, Werke zu schaffen, die die

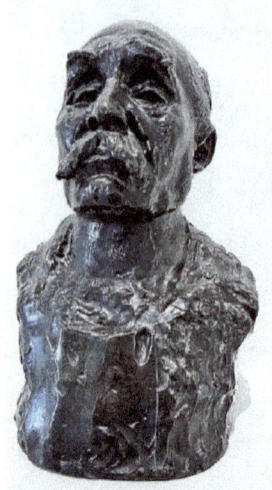

Ankunft des Friedens nach dem Ende des Ersten Weltkriegs darstellen sollten. Clemenceau überzeugte den widerstrebenden Monet von dem Projekt und sagte: Das sind Sie Frankreich schuldig, insbesondere all den Jungen, die niemals aus den Schützengräben zurückkehren werden."

Er schlug außerdem vor, die Werke in der Orangerie zu installieren, wofür das Gebäude nach dem Entwurf von Camille Lefèvre, dem Architekten des Louvre, saniert wurde, der nach seinen Empfehlungen einen großen Raum mit glatten Wänden und natürlichem Licht schuf sich selbst. Maler.

Claude Monet malte diese Gemälde zwischen 1916 und 1926 und schenkte 1922, bevor er sein Projekt abschloss, Les Nymphéas (die Seerosen) dem französischen Staat. Das Werk besteht aus einer Serie von acht großformatigen Gemälden, die bis zu seinem Tod im Jahr 1926 im Besitz von Monet blieben. Im folgenden Jahr wurden sie in die Orangerie gebracht und erstmals der Öffentlichkeit ausgestellt.

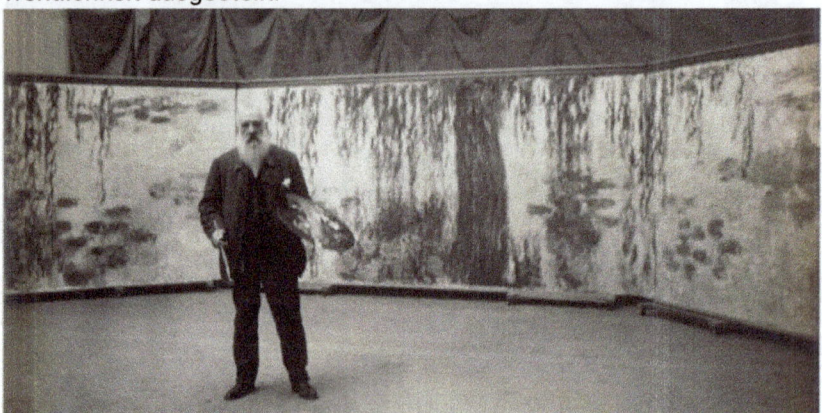

Im Jahr 2006 wurden sie in die Mitte des Erdgeschosses des Gebäudes (Ebene 0) verlegt und werden in zwei Räumen mit ovalem Grundriss ausgestellt, die das Symbol der Unendlichkeit bilden: ∞. Die Werke werden entsprechend unter einem diffusen Licht beleuchtet die Wünsche des Künstlers.

An den abgerundeten Wänden befinden sich 8 riesige Tafeln mit einer Breite von 6 bis 17 Metern und einer Höhe von fast 2 Metern.

14

Zwischen den 8 Gemälden sind sie fast 100 Meter lang und 200 m² groß. Sie gelten als die Sixtinische Kapelle der impressionistischen Kunst.

Raum 1:

1. Untergehende Sonne, **2**. Morgen, **3**. Die Wolken, **4**. Grüne Reflexionen.

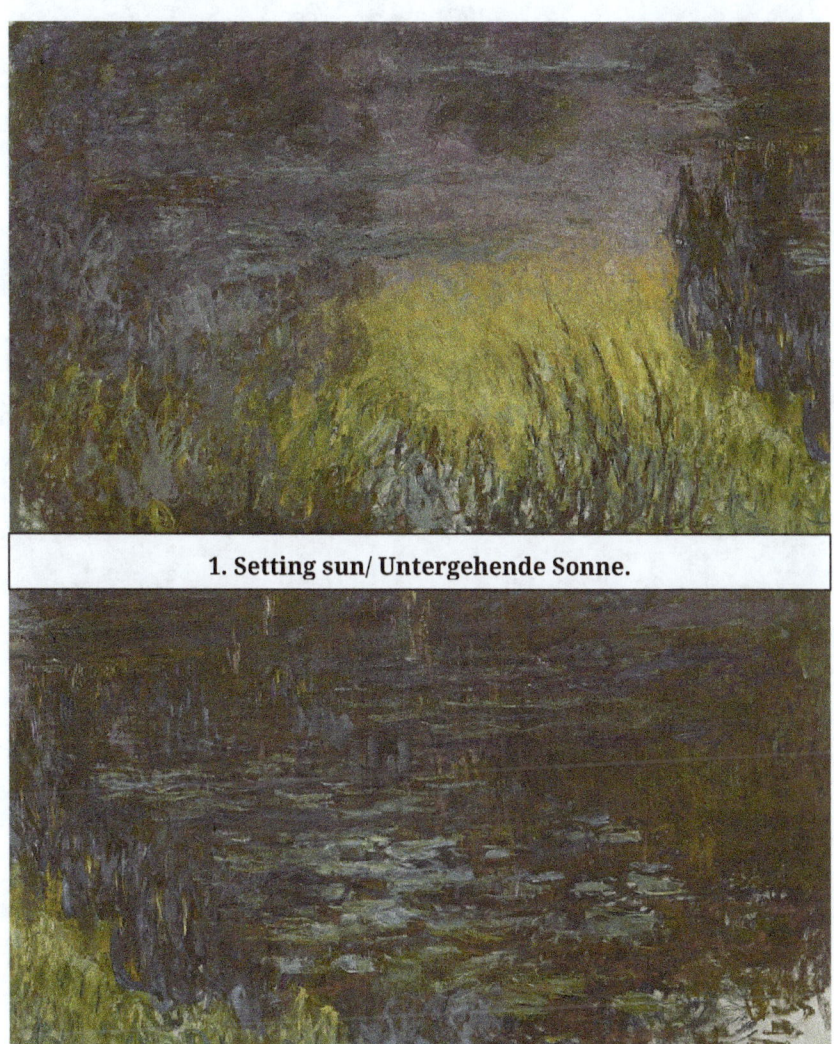

1. Setting sun/ Untergehende Sonne.

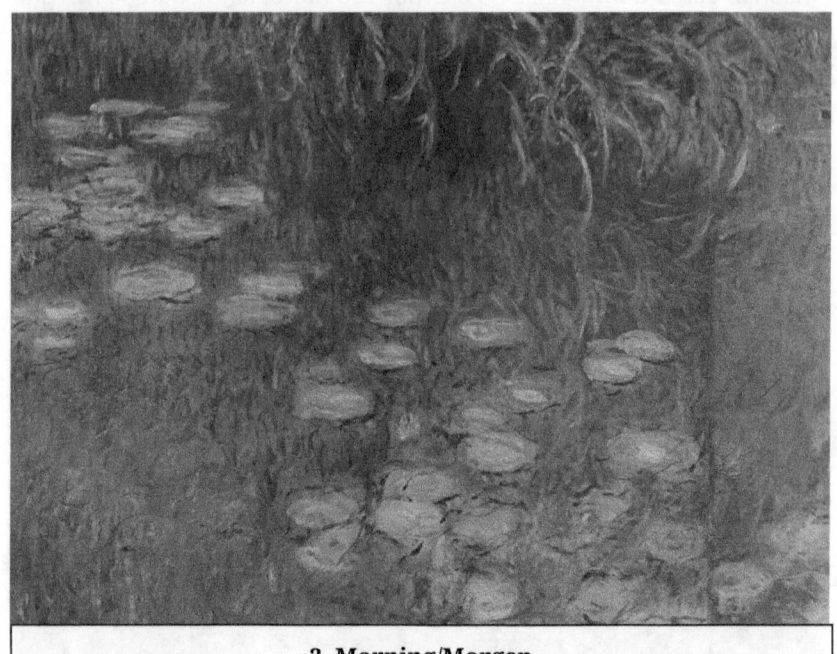

2. Morning/Morgen

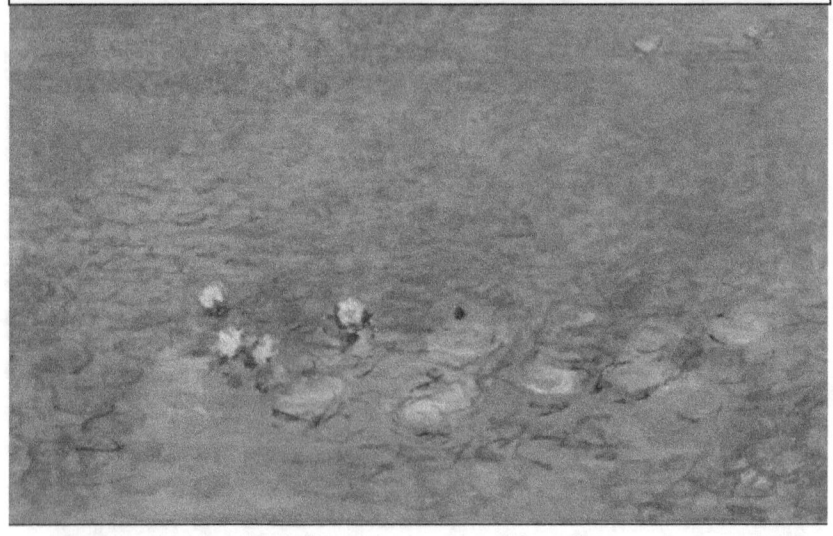

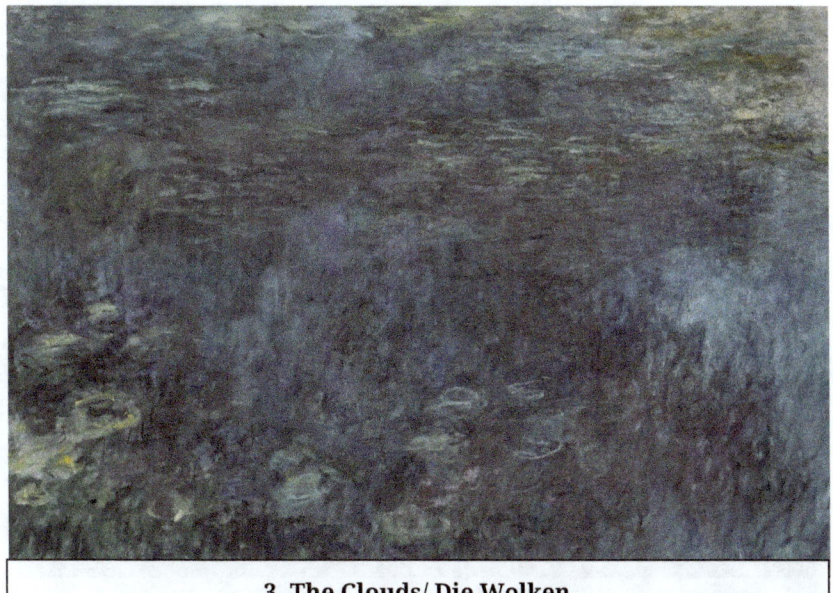

3. The Clouds/ Die Wolken

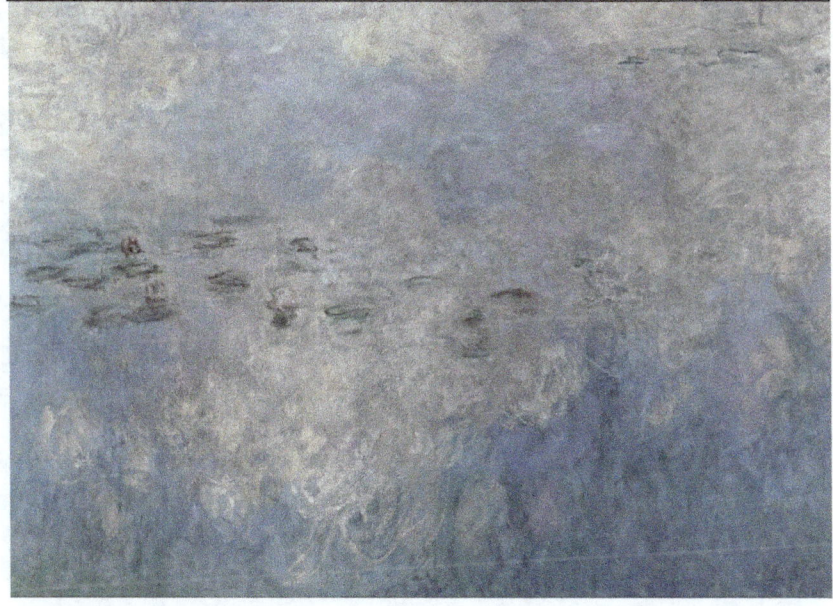

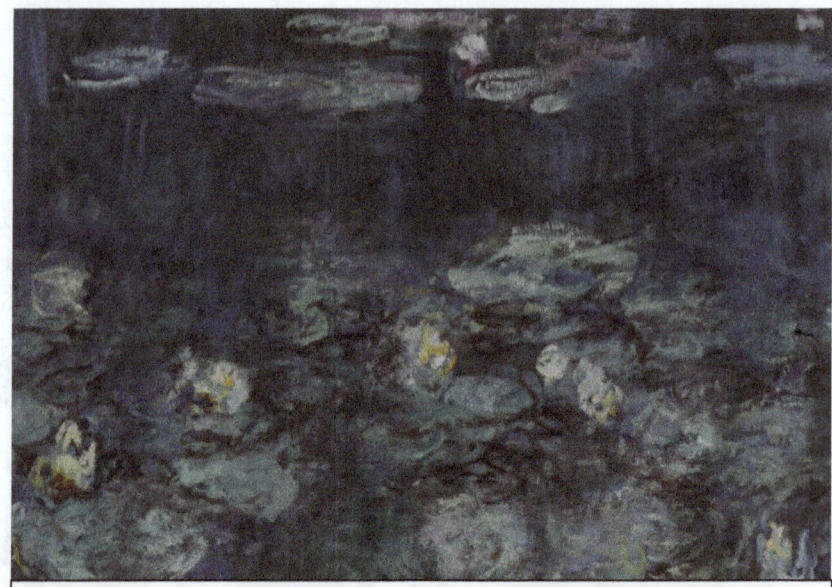

4. Green reflections/Grüne Reflexionen

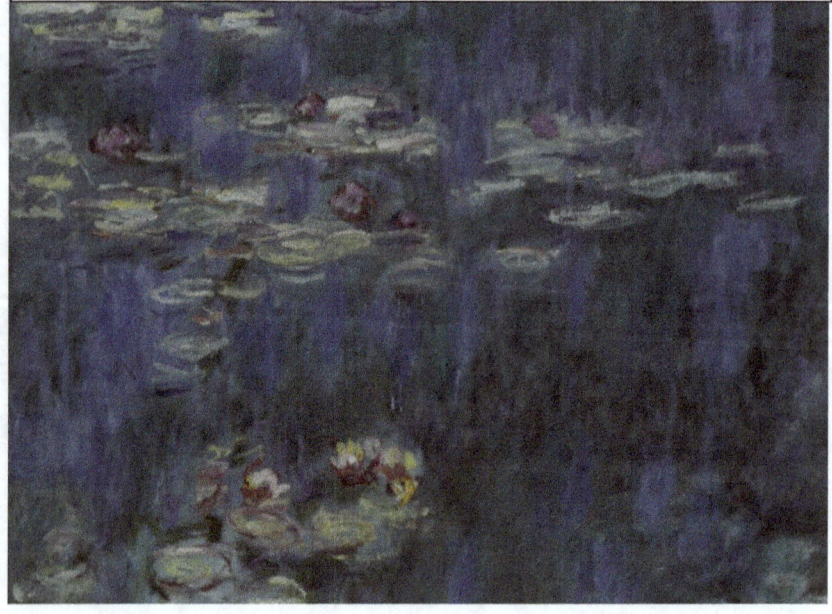

Raum 2:
1. Baumreflexionen, **2**. Klarer Morgen mit Weiden, **3**. Morgen mit Weiden,
4. Die zwei Weiden.

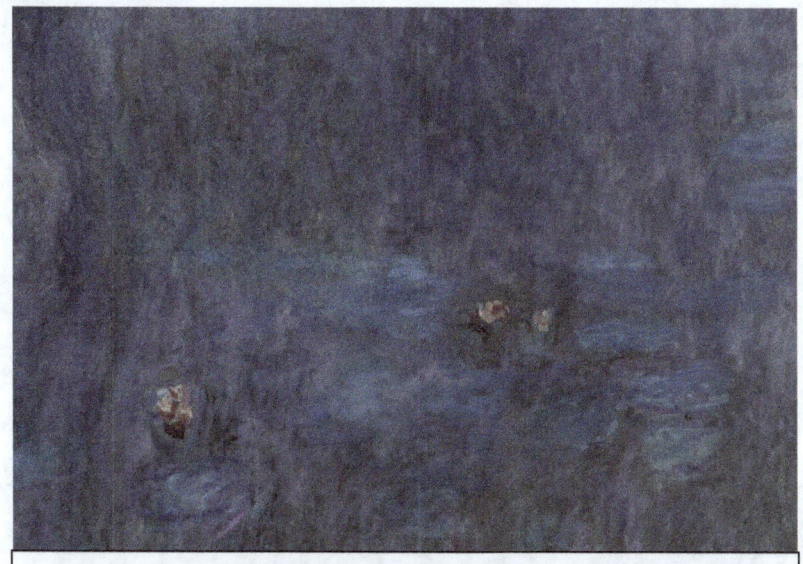

1. Tree reflections/ Baumreflexionen

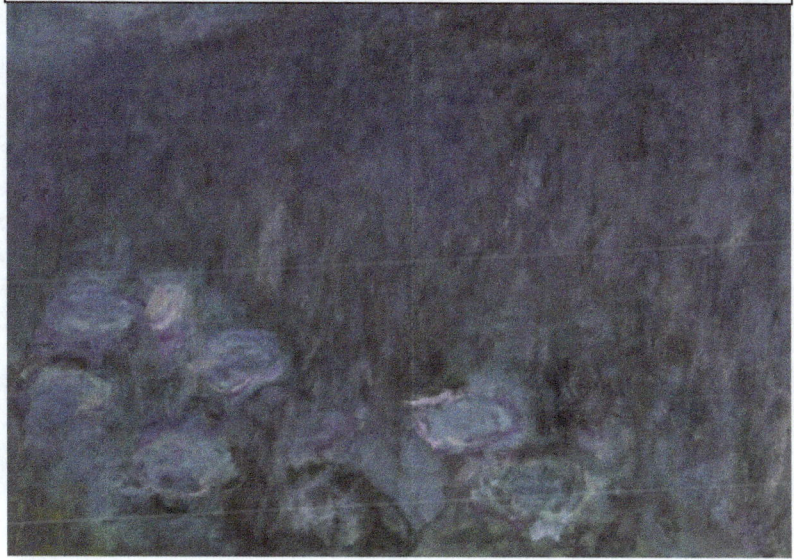

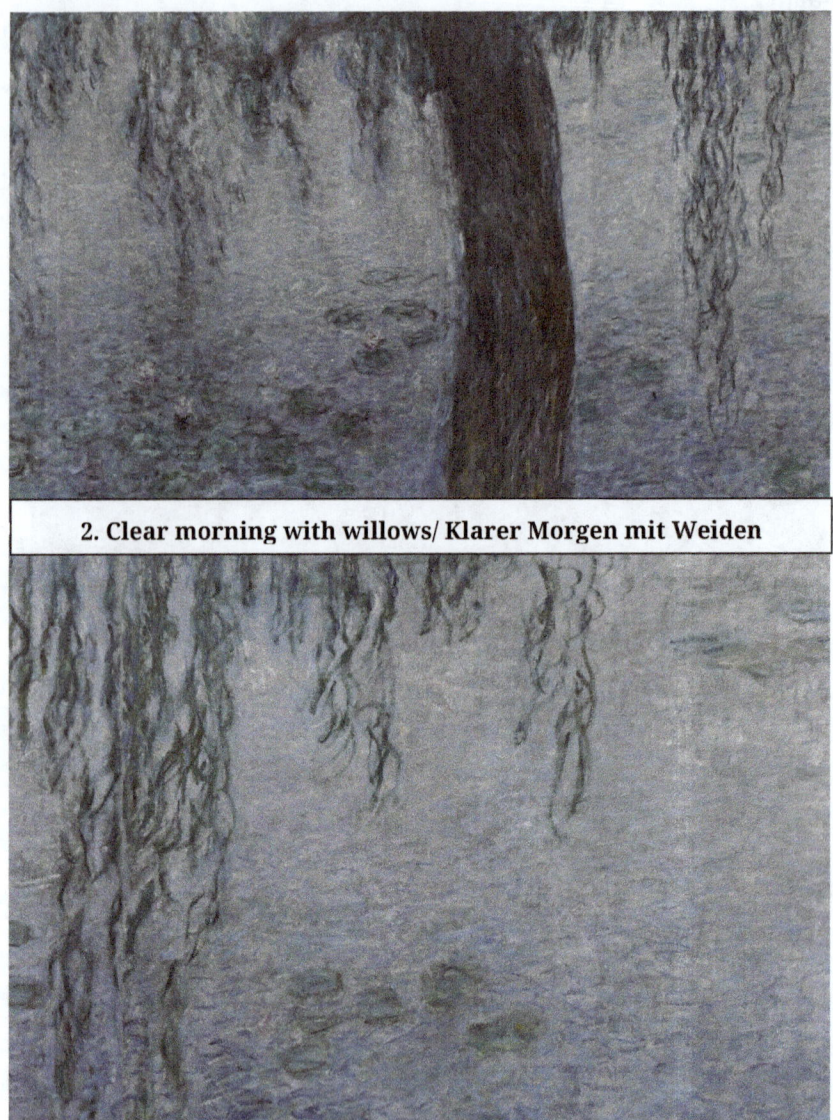

2. Clear morning with willows/ Klarer Morgen mit Weiden

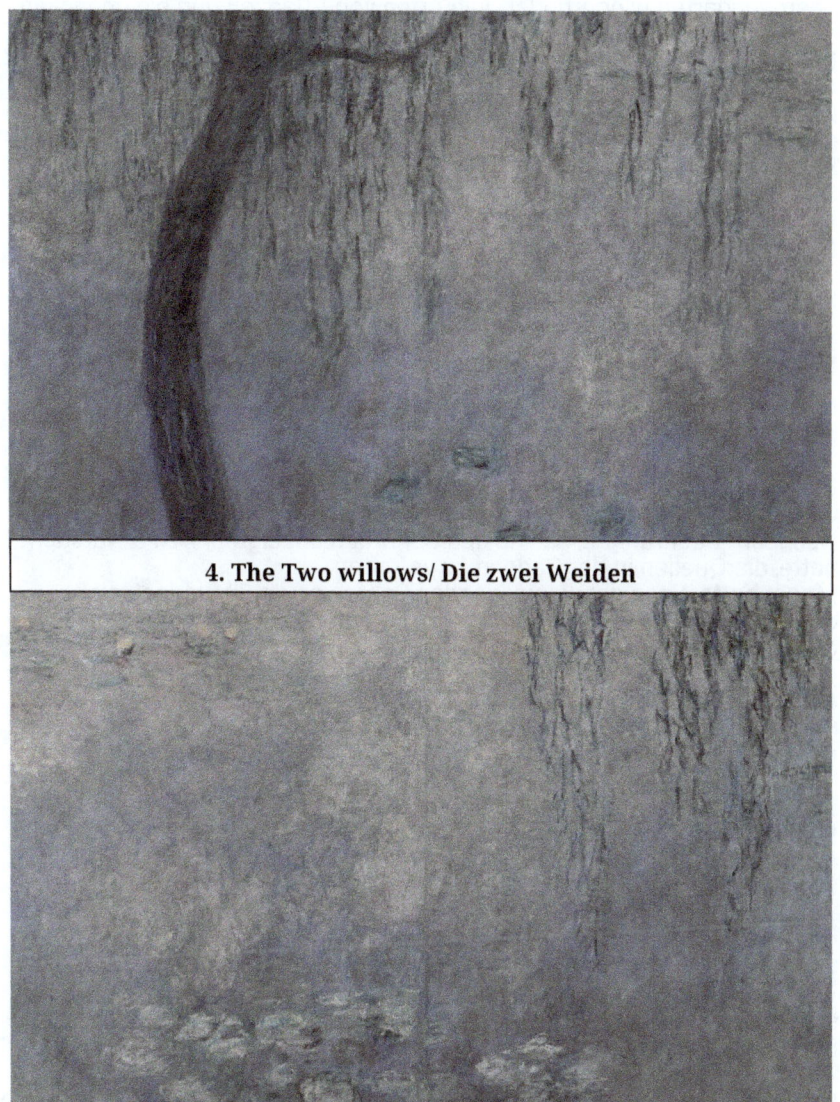

4. The Two willows/ Die zwei Weiden

Die Seerosen stellen den Garten dar, den der Künstler in seinem Haus in Giverny (Normandie, Frankreich) hatte und wurden zur Feier des Endes des Ersten Weltkriegs angelegt.
Die lichtdurchflutete Landschaft umhüllt den Besucher, der sich in einem

Seerosengarten wiederfindet. Alle Arten von Pflanzen und ein unendlich blauer Himmel spiegeln sich im Wasser des Teiches.

Monet stellt nach seinen eigenen Worten einen endlosen Raum dar, eine gigantische Welle ohne Horizont und Ufer.

Ihr Ziel ist es, in der Welt das Bewusstsein für gelassene Besinnung auf der Suche nach ewigem Frieden zu schärfen, nach dem grausamsten Krieg, den es je gegeben hat.

Sie sind ein universelles Symbol für ewigen und unvergänglichen Frieden.

Monet fertigte zahlreiche Werke zum selben Objekt an, die er zu unterschiedlichen Tageszeiten und bei unterschiedlichen Lichtverhältnissen malte, wie etwa die Kathedrale von Rouen oder seine Serie von 250 Seerosengemälden, die er von 1900 bis zu seinem Tod anfertigte, davon 40 sind von großer Größe.

Unter all seinen Gemäldeserien sticht jedoch die in diesem Museum ausgestellte Serie der Seerosen hervor.

Der Maler erwarb Seerosen aus Ägypten und anderen Teilen der Welt und pflanzte sie in solchen Mengen in seinem Garten, dass er die Nachbarn beunruhigte, die ihn den Behörden anzeigten, weil er versucht hatte, die Quellen in der Gegend zu vergiften.

Monet hatte einen schwerwiegenden Sehfehler, der ihn jedoch nicht daran hinderte, sein Meisterwerk zu schaffen. Als sein Sohn starb, verfiel er in eine tiefe Depression und flüchtete sich in die Vollendung des gigantischen Projekts der 19 Seerosentafeln, für das er seine Werkstatt erweiterte. von Farbe und installiert Glasfenster auf dem Dach, um mehr Sonnenlicht hereinzulassen. Wie er selbst sagte: Ein Moment der Natur enthält alles."

In der Orangerie werden 8 dieser Tafeln nach den Wünschen des Künstlers angeordnet, auf gleicher Höhe platziert und an den geschwungenen Wänden der beiden ovalen Räume angebracht. Die Sonnenaufgänge finden im Ostraum statt; und der Sonnenuntergang im Westraum.

Sein Streben nach Perfektion war so groß, dass er, um zahlreiche Ausbesserungen an seinen Werken vornehmen zu können, diese bis zu seinem Tod in seiner Werkstatt behielt, obwohl er sie dem Staat übergeben hatte.

Claude Monet wurde 1840 in Paris geboren und starb 1926 in Giverny, wo er seinen wunderschönen Garten mit Seerosen hatte. Er ging vom Realismus zum Impressionismus über. Sein Gemälde   Impression, aufgehende Sonne" gibt diesem künstlerischen Stil seinen Namen. Obwohl seine Arbeit von vielen Kunstkritikern bewundert wurde, kritisierten ihn andere scharf, weil sie diesen neuen Bildstil nicht auf den Wunsch zurückführten, die Kunst zu erneuern, sondern auf seinen Sehfehler.

Trotz der erheblichen Bemühungen des Künstlers wurde sein Vermächtnis erst nach dem Zweiten Weltkrieg allgemein anerkannt. Er gilt als Künstler, der Impressionismus mit neuer abstrakter Kunst vereint.

Sammlung Walter-Guillaume

Das Museum beherbergt auch die beeindruckende Walter-Guillaume ist aufgrund seiner außergewöhnlichen Qualität die bedeutendste private Kunstsammlung der Welt.

Es vereint 148 Werke aus den Jahren 1860 bis 1930.

Es besteht aus 31 Werken von Derain, 25 von Renoir, 22 von Soutine, 15 von Cézanne, 12 von Picasso, 10 von Matisse, 10 von Utrillo, 9 von Rousseau, 7 von Laurencin, 5 von Modigliani, 1 Werk von Gauguin, Monet, Sisley und Van Dongen.

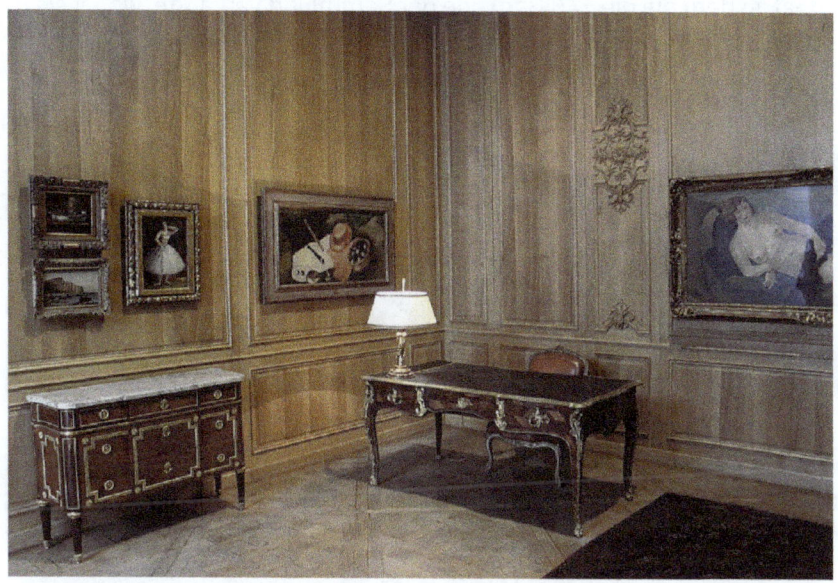

Paul Guillaume (1891–1934) war ein wohlhabender Geschäftsmann, der als der bedeutendste Kunstsammler Frankreichs gilt.

Er stammte aus einfachen Verhältnissen und verfügte über ein natürliches Geschäftstalent und eine aufrichtige Liebe zur Kunst.

Er begann, afrikanische Kunstgegenstände zu erwerben, die er in der Fahrzeugreparaturwerkstatt der Familie ausstellte. Etwas, das den berühmten französischen Dichter Apollinaire anzog, der ihn mit Modigliani, Picasso und anderen Künstlern bekannt machte und ihn beim Erwerb vieler Werke beriet.

Guillaumes faszinierende Persönlichkeit lockte ihn in die Freundschaft von Politikern und wohlhabenden Geschäftsleuten. Bald eröffnete er die bedeutendste Kunstgalerie in Paris und wurde ein Förderer ungeweihter Künstler, die er unterstützte und ermutigte.

Guillaumes Frau, **Juliette Lacaze,** mit dem Spitznamen   Domenica die Teuflische", war mit großer Intelligenz und Charme ausgestattet. Sie arbeitete als Garderobenmanagerin, bis sie Guillaume kennenlernte. Sie wurde die Geliebte des französischen Millionärs Jean Walter, wofür er bekannt war. ihr Mann.

Die Sammlung ist heute unter dem Namen ihrer beiden Ehemänner Guillaume-Walter bekannt.

1959 unterzeichnete die Witwe einen Vertrag mit dem französischen Staat, in dem sie die 146 Gemälde der Sammlung verkaufte, wobei sie sich das Nießbrauchsrecht vorbehielt, das es Juliette Lacaze ermöglichte, einen Teil der Sammlung afrikanischer und polynesischer Kunst zu verkaufen und neue Werke zu erwerben. von Renoir, Cezanne und Gauguin.

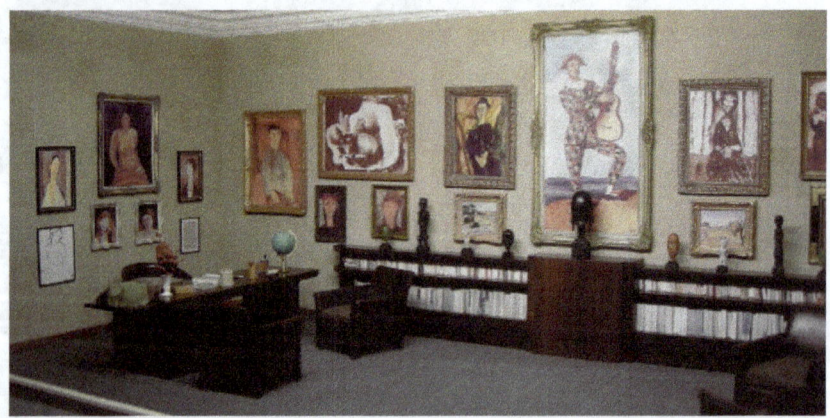

Es wurde vereinbart, die Sammlung zusammen mit Monets Seerosen im Orangeriemuseum auszustellen und damit dem Wunsch ihres Mannes nachzukommen. Juliette selbst war an der Gestaltung der Räume beteiligt, in denen die Sammlung ausgestellt ist.

Wir können es auf einem Gemälde von André Derain sehen, das sich in diesem Museum befindet.

Aus der umfangreichen Sammlung sticht vor allem die impressionistische Malerei des 19. und 20. Jahrhunderts hervor. Werke von Matisse, Modigliani und Giorgio Chirico sowie Gemälde im kubistischen Stil von Picasso und zahlreiche von Guillaume erworbene afrikanische Skulpturen.

Eine Sammlung voller Geheimnisse:

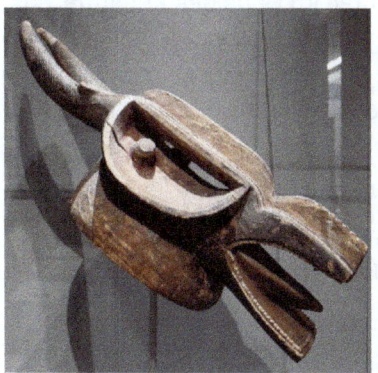

Guillaume starb vorzeitig im Alter von 43 Jahren, nachdem er die Ehrenlegion erhalten hatte. In seinem Testament übertrug er seine Kunstsammlung dem Staat und hinterließ seiner Witwe Juliette Lacaze den lebenslangen Nießbrauch an der Sammlung, der es ihr ermöglicht, bestehende Werke zu verkaufen und neue Werke zu erwerben.

Nach dem Tod ihres zweiten Mannes, Jean Walter, bei einem Verkehrsunfall werden ein Bruder und Juliettes neuer Partner beschuldigt, versucht zu haben, ihren Adoptivsohn zu ermorden. Es wird gemunkelt, dass Juliette das Haus verkauft, um die Angelegenheit vor den Richter zu bringen. Er übergab seine große Kunstsammlung für 135 Millionen Francs an den französischen Staat und behielt den Nießbrauch bis zu seinem Tod im Jahr 1977.

Wechselausstellung: Paul Cézanne und Auguste Renoir: Betrachtung der Welt. Meisterwerke aus den Sammlungen des Orangeriemuseums." Sie können auch zwei Gemälde von Henri Rousseau als Leihgabe des Orsay-Museums sehen.

CEZANNE (Ebene -1, Raum 2)

Französischer postimpressionistischer Maler, der als Vater der modernen Malerei gilt und dessen Werke den Grundstein zwischen der Kunst des 19. und 20. Jahrhunderts legen.
Cézanne schlägt die Brücke zwischen dem Impressionismus des 19. Jahrhunderts und dem neuen Stil des frühen 20. Jahrhunderts, dem Kubismus.

Die Akademie der Bildenden Künste lehnte ihn ab und sie kauften seine Werke nie in einer offiziellen Ausstellung oder in einem Museum, weil sie weder die Perspektive noch die anatomische Korrektheit respektierten und seine Figuren für grotesk hielten.
Sein Werk ist von Eugène Delacroix, Courbet und Manet beeinflusst.

Zu seinen wenigen Freunden zählen der Schriftsteller Zola sowie Guillaumin und Camille Pissarro.
Cézanne war ein Schüler Pissarros, den er zutiefst bewunderte.

Im Jahr 1870 flohen Cézanne und seine Frau, das Modell Hortense Fuquet, aus Frankreich, um dem Einsatz des Malers im Krieg gegen Preußen zu entgehen.
1872 bekamen sie einen Sohn und wohnten im Haus des Kunstmäzens Dr. Gachet.

Zwischen 1872 und 1873 wechselte Cézanne von dunklen Farben zu hellen, intensiven Farben und fing Szenen des ländlichen Lebens ein.

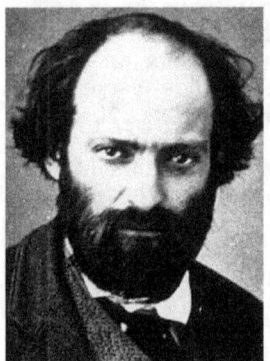

Während er auf dem Feld malte, kam es zu einem schweren Sturm, und der Maler arbeitete stundenlang im Freien, was zu einer Lungenentzündung führte, an der er einige Tage später starb.
Erst zu Beginn des 20. Jahrhunderts begann man die Bedeutung seiner Arbeit zu würdigen.

Er malte die Natur ohne jegliche Idealisierung, mit einfachsten Formen. Kleine Pinselstriche und Farbflächen kommen zusammen, um Empfindungen auszudrücken.

Sein Ziel war es, die Komplexität des menschlichen Sehens und seiner unterschiedlichen Sichtweisen einzufangen, indem er dasselbe Objekt aus verschiedenen Perspektiven darstellte.

Zwei gleichzeitige und leicht unterschiedliche visuelle Wahrnehmungen (Sehen beider Augen) ergeben eine Wahrnehmung von Tiefe.

Es vereinfacht die Formen und reduziert sie auf die einfachsten geometrischen Figuren: Kugel, Zylinder, Kegel. So ist ein Baumstamm ein Zylinder, ein menschlicher Kopf eine Kugel.
Er sagte: Ich möchte den Impressionismus als Museumskunst zu etwas Dauerhaftem machen.

-Dunkle Periode (1861-1870)

Verwendung dunkler Farben, insbesondere Schwarz, mit dicken und pastösen Pigmenten. Es stellt Gruppen großer Figuren in einer Landschaft dar. Zu dieser Zeit gehören: Porträt von Achille Emperador und Pastoral.

-Impressionistische Periode (1870-1878)

Hervorzuheben ist die intensivste Freundschaft mit Pissarro, der schnell und mit reinen Farbtupfern malt, ohne jemals frühere Skizzen zu verwenden.

Mit dieser Technik versucht er, die Vergänglichkeit von Licht und natürlichen Objekten einzufangen.

Seine Werke sind von helleren, intensiveren und leuchtenderen Farben erfüllt.

Von dieser Bühne stammen das Haus des Gehängten, ein modernes Olympia und ein Stillleben mit der Suppe.

Sein Werk, ein modernes Olympia, wurde von Wissenschaftlern scharf kritisiert, die es als eine Kunstskizze und sogar als Tapete an einer Wand bezeichneten.

-Reifezeitraum (1878-1890)

Er distanziert sich deutlich vom impressionistischen Stil. Er beginnt, Figuren aus dem Komödientheater, Kartenspielern und dem Berg Sainte-Victoire zu zeichnen.

Aus dieser Zeit stammen die Maincy-Brücke und drei Badegäste.

-Letzte Periode (1890-1905)

In seinen Gemälden sind deutliche kubistische Merkmale zu erkennen: Steinbrüche, Landschaften, Stillleben, Porträts und nackte Badegäste, für die er seine Frau, seinen Sohn und Dorfbauern als Vorbild nahm.

Die Figur ist so vereinfacht, dass ein paar Pinselstriche ausreichen, um das Volumen auszudrücken. Die intensive Farbe, gekonnt vereint, repräsentiert die Formen und das Licht.

Frustriert über die Verzerrungen, die seine Verwendung von Farben in den Figuren verursachte, ließ er die meisten seiner Werke unvollendet und zerstörte viele davon, insbesondere die der Badegäste.

Aus dieser Zeit stammen die berühmten Kartenspieler, mit 5 verschiedenen Versionen: Frau mit Kaffeekanne, Stillleben mit Äpfeln und Orangen und Stillleben mit Zwiebeln.

Er wurde von Gauguin und Van Gogh sehr bewundert.

Sein Stil zeichnet sich durch geometrische Vereinfachung, visuelle Effekte und die Verwendung von Farben aus, die Matisse und Picasso beeinflussten, die sagten, Cézanne sei der Vater von uns allen.

Bäume und Häuser
(Arbres et Maisons)

Cezanne malt das Haus seiner Familie in der Provence.

Die Äste der Bäume stehen im Vordergrund und fallen durch ihre dunklen Farben auf.

In der Mitte das Grün der Wiese und im Hintergrund die Häuser und der

Himmel, in helleren Farben bemalt. Die Farbpalette eliminiert die Perspektive.
Dieses Gemälde wurde von Juliette Lacazze für die Sammlung Guillaume -Walter erworben.

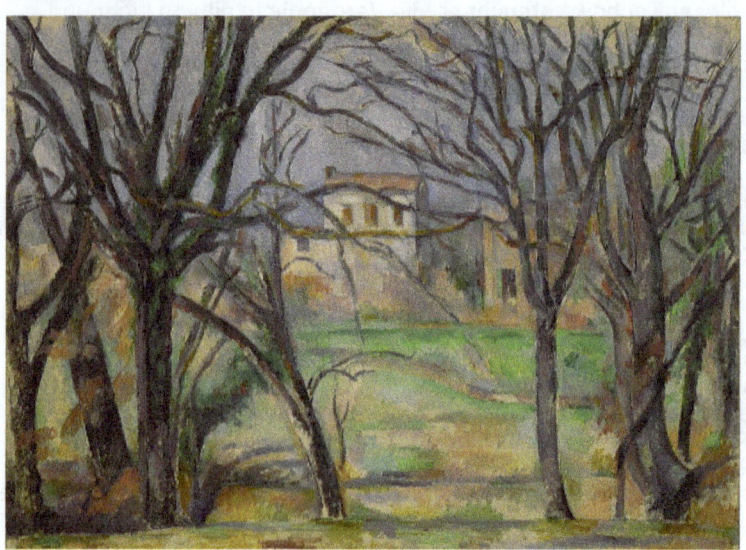

**Früchte, Serviette und Milchschaum
(Fruits, serviette et boîte à lait)**

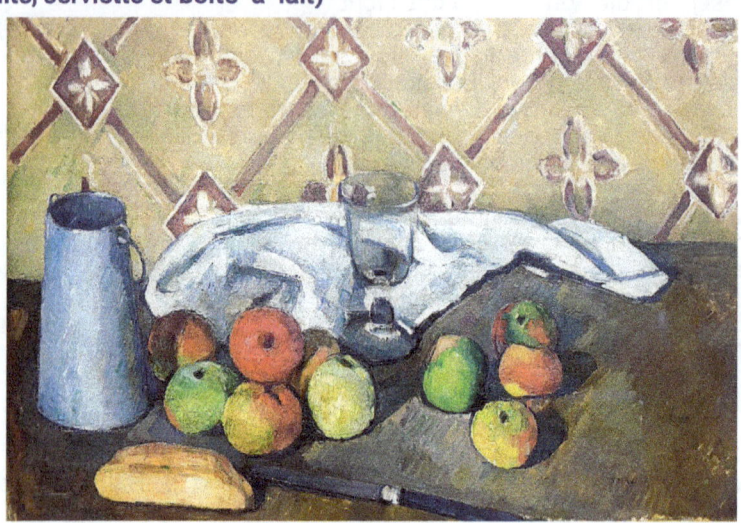

Strohvase, Zuckerdose und Äpfel
(Vase paillé, sucrier und pommes)

Die auf einem Tisch angeordneten Objekte streben nach Harmonie und nicht nach realer Darstellung, was den ungewöhnlichen Betrachtungswinkel und die Asymmetrie, in der sie angeordnet sind, hervorhebt.
Der Teller, auf dem die Früchte platziert werden, ist so geneigt, dass der Eindruck entsteht, die Früchte würden zu Boden rollen.

Mit zarten Pinselstrichen und subtilen Farbunterschieden schafft dieses Malgenie Formen von Objekten, die wie unvollendete Skizzen aussehen.

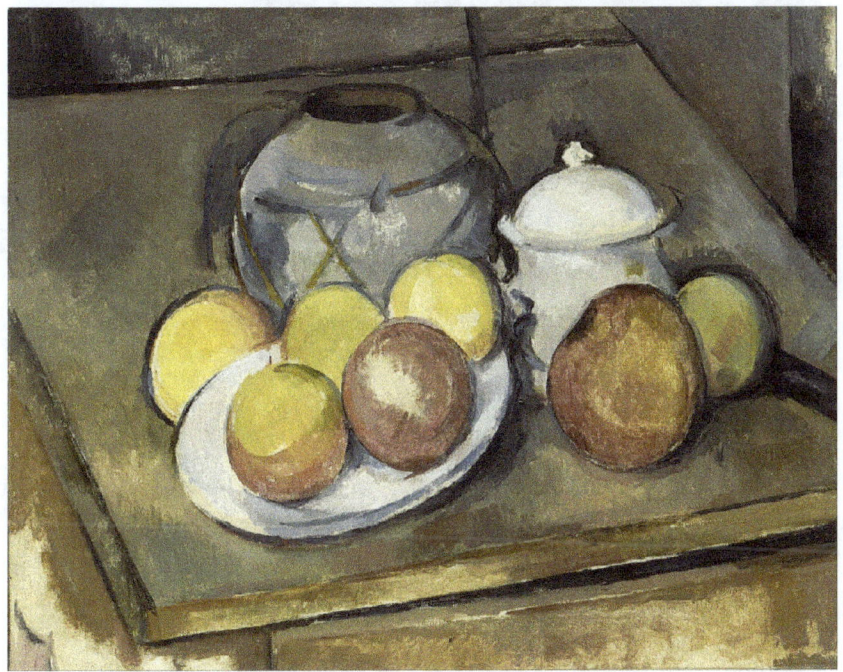

Blumen und Früchte und Blumen in einer blauen Vase
(Fleurs et fruits y Fleurs dans un vase bleu)

Diese beiden Gemälde wurden geteilt, um eine höhere Rentabilität zu erzielen. Zuerst erwarb Paul Guillaume Fleurs et Fruits. Jahre später kaufte seine Witwe Jacqueline Lacazze Fleurs dans un vase bleu.

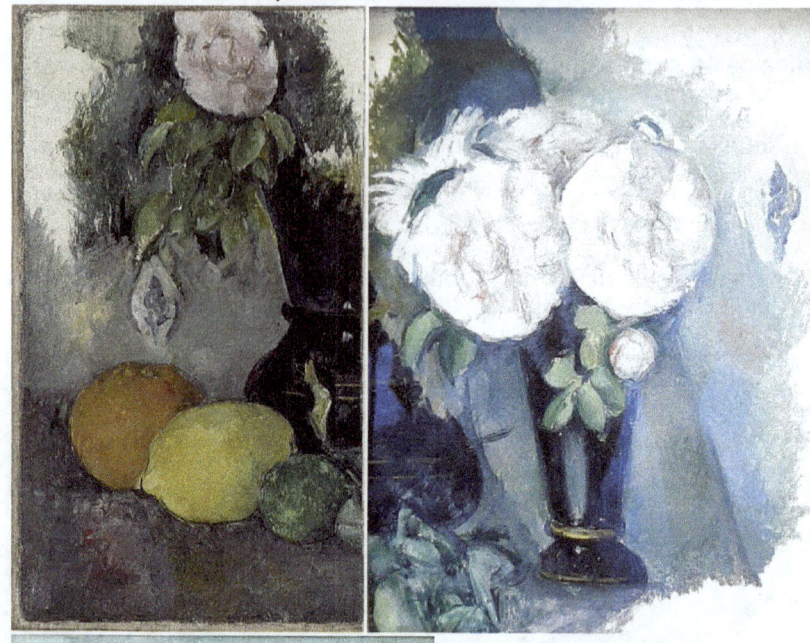

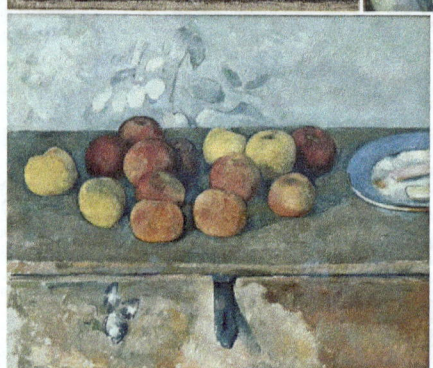

Äpfel und Kekse
(Pommes et biscuits)

In diesem Gemälde sticht die perfekte Harmonie der Objekte hervor und stellt sein Meisterwerk in diesem Genre dar. Mit den Worten des Autors sagte er, dass er Frankreich mit einem einzigen Apfel in Erstaunen versetzen würde, und das ist ihm gelungen.
Es wurde für einen hohen Preis von Jacqueline Lacazze erworben.

Stillleben, Birne und grüne Äpfel
(Nature morte, poire et pommes vertes)

Die Einfachheit der Komposition fällt auf. Eine Birne und ein Apfel, daneben zwei weitere kleinere, nicht unterscheidbare Früchte. Einige Experten vermuten, dass das Gemälde nicht von Cézanne, sondern von Paul Gachet (1873-1962) gemalt wurde, dem Sohn von Doktor Gachet, dem großen Kunstsammler und Freund von Cézanne und Van Gogh, der ihn wegen seiner Geisteskrankheit behandelte.

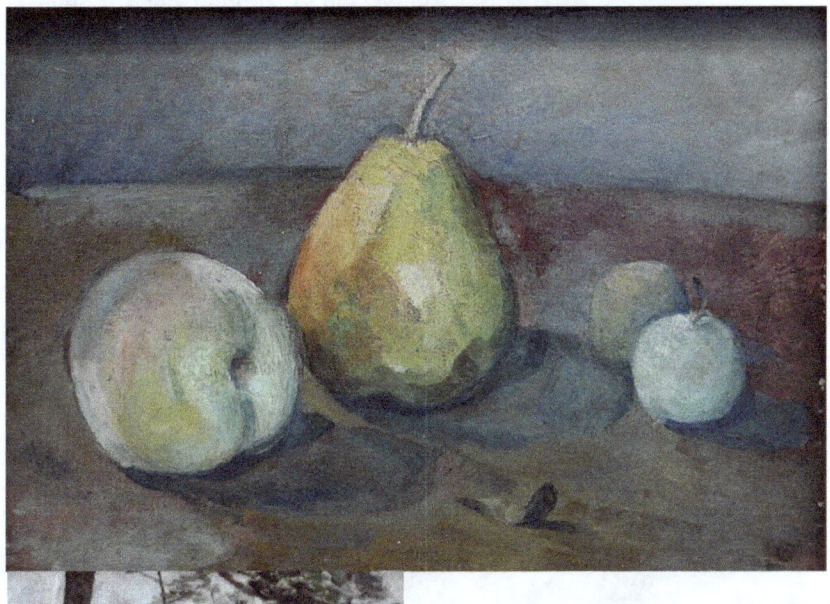

Der Kiefe de l'Estaque
(Le Pin de l'Estaque)
Dies ist eines der einflussreichsten Werke von Pisarro.

Die Neigung des Stammes nach links lenkt die Aufmerksamkeit des Betrachters auf die Bildmitte: das kleine weiße Haus und die drei Bäume.

Der Rote Felsen
(Le Rocher Rouge)
Es ist eines seiner Meisterwerke und zugleich das kühnste.
Es wurde von Juliette, Guillaumes Witwe, erworben.

Das Ungleichgewicht oder die Asymmetrie der Komposition entsteht

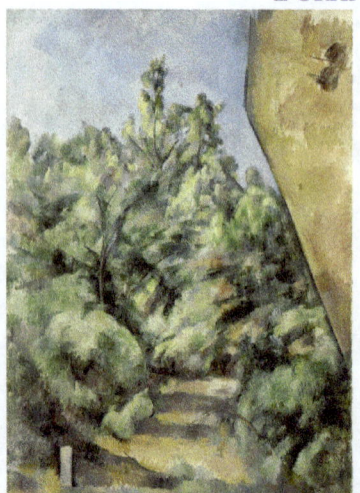

durch den Felsen auf der rechten Seite des Gemäldes, der geneigt und geformt ist wie ein Sarkophag, der auf den dichten Wald im Hintergrund zu fallen scheint.

Die Perspektive erscheint sehr verschwommen.

Porträt des Sohnes des Künstlers (Portrait du fils de l'artiste)

Der Sohn des Malers sitzt hier in einem Sessel, von dem wir nur die Rückenlehne sehen können. Hervorzuheben sind die Einfachheit der Figur und die Verstärkung der Kontur, typisch für Paul Gauguin.

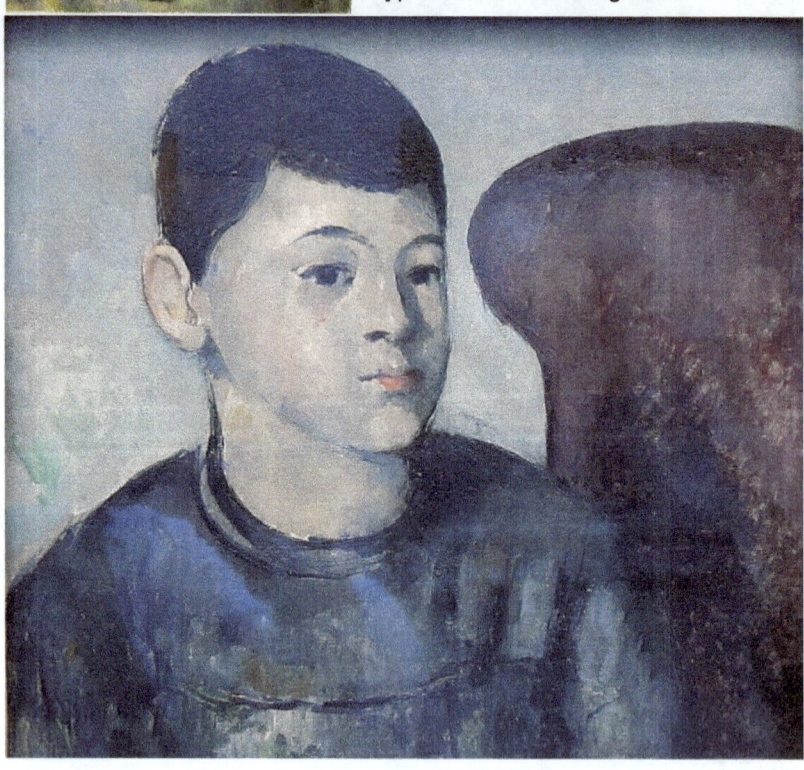

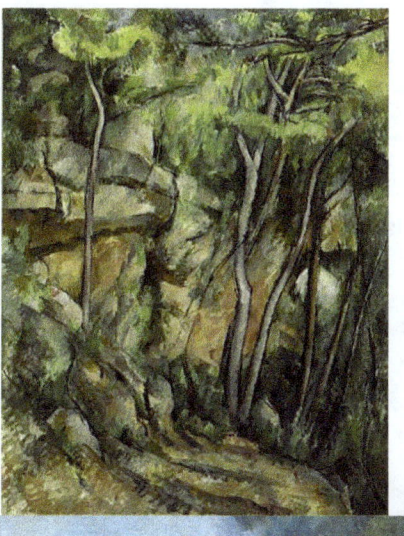

Auf dem Gelände des Château Noir (Dans le parc de Château Noir)

Das Boot und die Badegäste (La Barque et les Baigneurs)

Dieses Gemälde wurde in Auftrag gegeben, um das Herrenhaus eines reichen Geschäftsmannes zu schmücken. Es war in drei Teile geteilt, von denen zwei der Witwe von Paul Guillaume gehörten. Der französische Staat konnte den dritten Teil erwerben und das Werk rekonstruieren.

Das Gemälde ist sehr lang und zeigt zwei Gruppen von Badegästen, eine auf jeder Seite, getrennt durch das Meer und einige Boote.

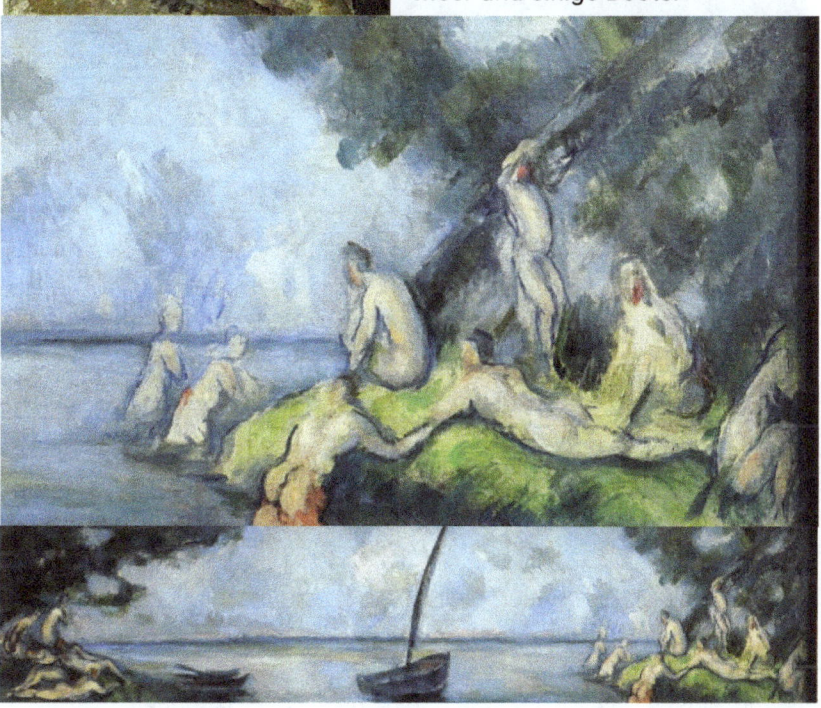

Mittagessen auf der Wiese
(Le Déjeuner sur l'herbe)

Es wird angenommen, dass Cezanne das Gemälde als Hommage an Monet benannt hat.

dessen gleichnamiges Werk von der akademischen Kunst stark abgelehnt wurde.

Hervorzuheben sind die dicken Pinselstriche, die sehr einfache Formen zeichnen.

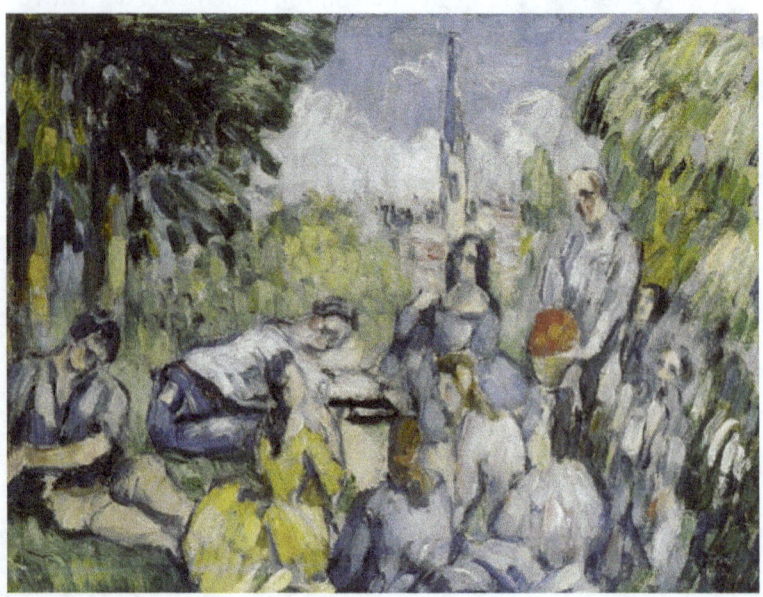

Porträt von Madame Cézanne

Madame Cézanne wird starr und mit strengem und ausdruckslosem Gesicht dargestellt.

Seine Technik zeichnet sich durch lockere Pinselstriche und das Unbemalen von Teilen der weißen Leinwand aus, um helle Farben zu erzielen. Cézanne arbeitete immer schnell, obwohl er es absichtlich unvollendet ließ, da der Maler es hasste, seine Werke wegen des Unvollendeten fertigzustellen. Es ist die perfekte Sache.

Madame Cézanne im Garten

Die Figur von Madame Cézanne wird mit Feierlichkeit dargestellt und ihr ausdrucksloses Gesicht verleiht ihr eine gewisse Erhabenheit.

Es gibt große unbemalte Bereiche um die Figur herum, wo die weiße Leinwand sichtbar ist. Er ließ den unteren Teil des Kleides und die Füße unvollendet.

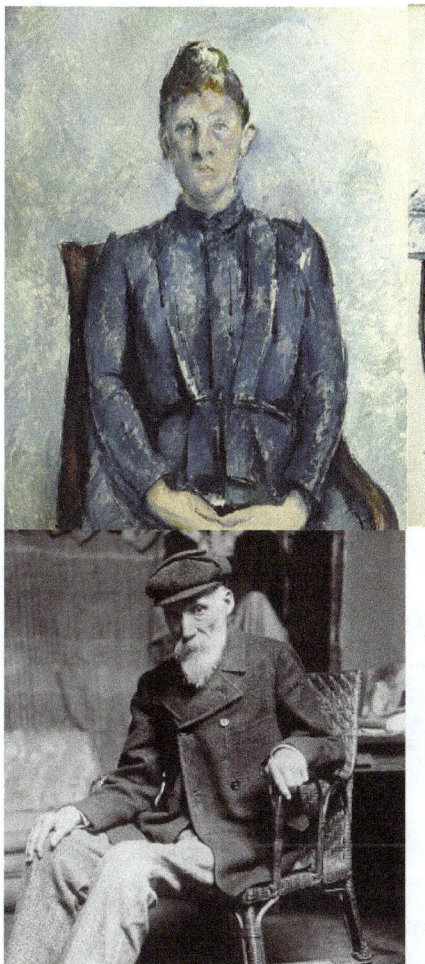
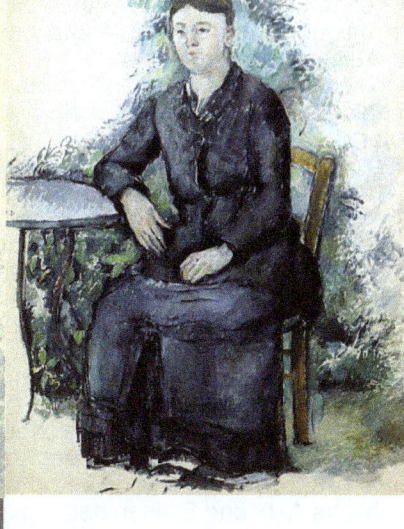

RENOIR

Sohn einer Näherin und eines Schneiders. Er hatte 6 Brüder. Er ist der sinnlichste impressionistische Maler, der die Suche nach Vergnügen und Glück, dem angenehmsten Aspekt des Lebens und der Natur, in der Tradition der Maler des 18.

Jahrhunderts zeigt. Er sagte, dass der Zweck eines Gemäldes darin bestehe, eine Wand zu schmücken Daher ist es wichtig, dass es an sich angenehm ist.

Er ist der Maler des weiblichen Aktes, der an die dicken Formen von Rubens erinnert.

Seine Malerei ist von Delacroix, Corot, Manet und Degas beeinflusst.

Er war ein großer Freund von Monet, mit dem er einige Werke malte.

Im Orsay-Museum können wir den symbolträchtigen Ball in der Moulin de la Galette und die großen Badegäste sehen.

Er verwendet intensive Farben und helles Licht. Die Details werden mit weichen Pinselstrichen erzeugt. Die menschliche Figur steht im Mittelpunkt seines Schaffens.

Zur ersten Impressionisten-Ausstellung im Jahr 1874 lud Degas Manet ein, der sich damit entschuldigte, dass er nie mit Paul Cézanne ausstellen würde, aber Renoir meinte, dass Manet nicht zusagte, weil er sich selbst nicht als Impressionisten betrachtete.
Renoir stellte 6 Gemälde aus, für die er eine Schauspielerin als Modell nutzte.
- 1876 malte er „Tanz in der Moulin de la Galette", sein bekanntestes Werk, in dem er einen Tanz unter freiem Himmel in Montmartre darstellte.
-Seine erste Phase ist typisch impressionistisch, mit schnellen Pinselstrichen, intensiven Farben und hellem Licht.
- 1883, nach seiner Reise nach Italien, wo er Raffael und Leonardo da Vinci entdeckte, ist eine Rückkehr zum Klassizismus zu beobachten, mit präziseren Linien, die die Konturen der weiblichen Figuren (der blonden Badenden) hervorheben.

In diesem Stadium gerät Renoir in eine tiefe Depression, in der er das Gefühl hat, nicht malen oder zeichnen zu können, wodurch viele Werke zerstört werden. Sein Freund, der Maler Ingres, half ihm.
- Nach 1890 verwischte er die Konturen wieder und malte zunehmend weibliche Akte und Szenen des täglichen Lebens (Mädchen am Klavier).
-Er ist der impressionistische Maler mit den meisten in diesem Museum ausgestellten Werken.
Die in Alltagssituationen dargestellte weibliche Figur ist voller

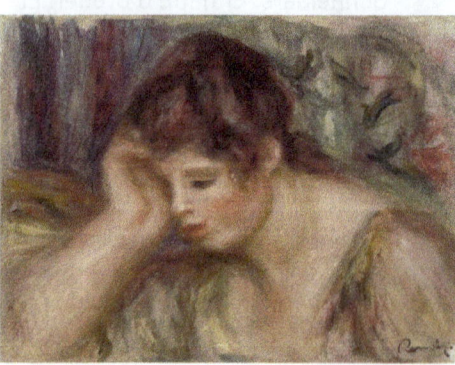

Sinnlichkeit und inspiriert vom Barockstil von Rubens.

Frau lehnt
(Femme accoudée)
Dieses Gemälde war Teil eines größeren Gemäldes.

Die kräftige Gestalt der Frau stützt ihren Kopf auf ihre Hand. Ihr Arm und Hals sind sehr groß und unverhältnismäßig.

Im Hintergrund rechts sind einige Blumen zu sehen.

Frau mit Hut
(Femme au Chapeau)
Gemalt am Ende seines Lebens. Es zeichnet sich durch helle Töne,

schnelle Pinselstriche und das Durchscheinen von Bereichen der weißen Leinwand aus, was auch den Eindruck erweckt, das Gemälde sei unvollendet.

Rosenblond
(Blond à la Rose)

Zu sehen ist Madeleine Heuschling, die Frau von Renoirs Sohn. Hervorzuheben ist die Verwendung roter Farben. An einigen Stellen sind die Pinselstriche dick, an anderen sind sie weich, und man kann sogar die weiße Leinwand erkennen.

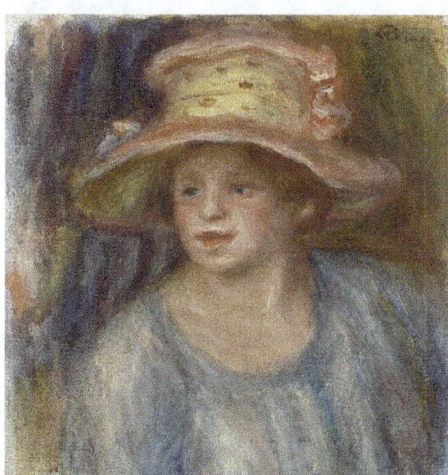 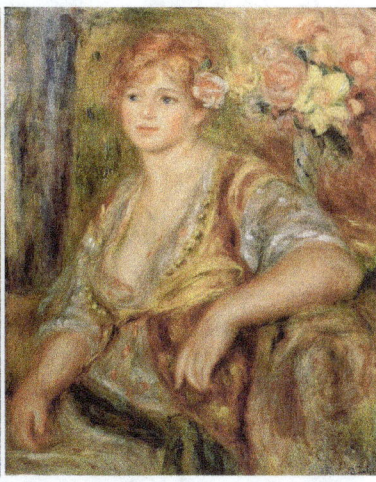

Nackte Frau in einer Landschaft
(Femme nue dans un paysage)

Hier porträtiert er das Model und die Malerin Suzanne Valadon. Das Gemälde markiert den Beginn eines Stilwandels und einer Selbstkritik. Nachdem er Rom besucht und etwas über die Arbeit der großen Maler der Renaissance erfahren hatte, kam er zu dem Schluss, dass er nicht malen konnte und den Impressionismus aufgeben sollte. Obwohl der impressionistische Stil im Hintergrund beibehalten wird, wird die weibliche Figur mit mehr Festigkeit und Detailreichtum behandelt.

Sitzende Badende wischt sich das Bein ab
(Baigneuse assise s'essuyant une jambe)

Es gehört zu seinem Endstadium. Es wechselt sehr dicke Pinselstriche mit weichen. Hervorzuheben ist diese Pinselstrichmischung im Hintergrund des Gemäldes.

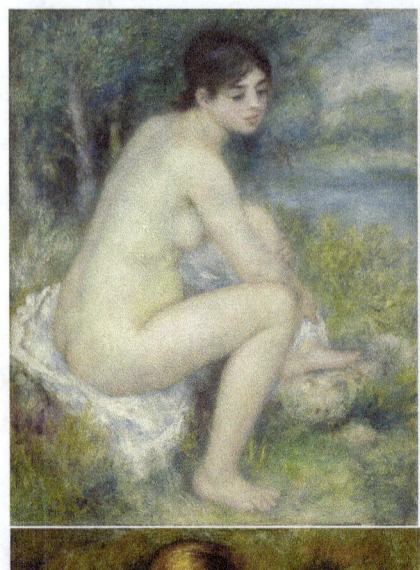

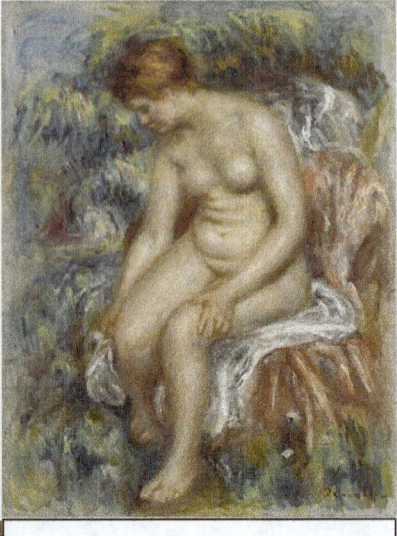

Sitzende Badende wischt sich das Bein ab

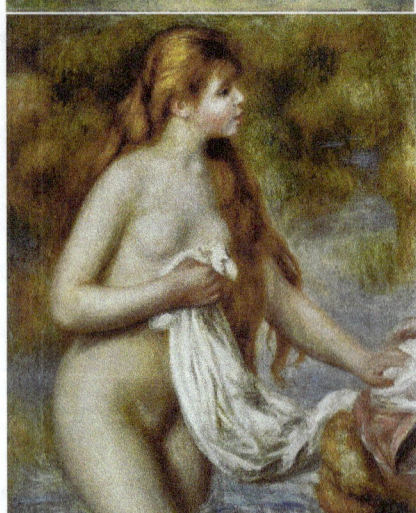

Badende mit langen Haaren
(Baigneuse aux cheveux longs)
Diese Komposition ist voller
Dynamik: die Bewegung des
Körpers, seine abgerundete Form,
die Falten
des Handtuchs und die Kraft der
Flussströmung.
Die Farben sind warm.

Nackte Frau, die sich hinlegt
(Femme nue couchée)
In diesem Gemälde porträtiert
Renoir Gabrielle, das
Kindermädchen der Familie und
eine Verwandte von Madame
Renoir. Sie ist das Modell, das in
den meisten Gemälden des Malers erscheint.
Die Einflüsse der großen klassischen Maler sind deutlich zu erkennen.
Hervorzuheben sind die hellen Farben und die Stärke des Lichts in der
Figur und dem Blatt, die einen Kontrast zum dunkleren Hintergrund bilden.

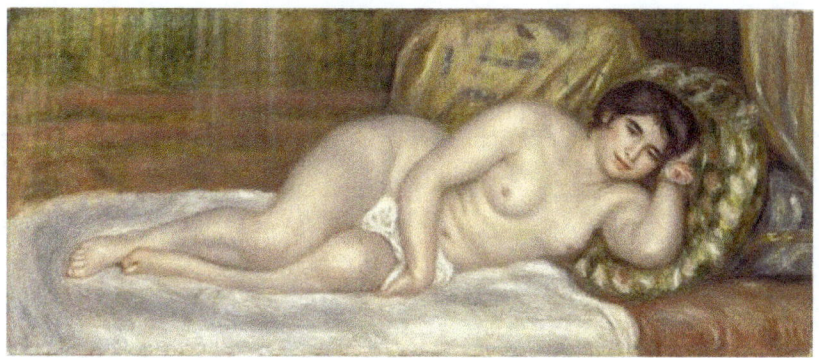

Claude Renoir als Clown

Es ist eine der wenigen Gelegenheiten, bei denen sein Sohn für Renoir posierte und den der Maler überzeugen musste, indem er ihm Spielzeug versprach.
Es repräsentiert ihn mit einer edlen und grandiosen Haltung. Dieses Porträt weist Einflüsse der großen Barockmaler auf.

Gabrielle im Garten

Die Figur von Gabrielle erscheint in einem Garten, umgeben von Licht und ihr Gesicht von der Sonne geblendet. Es zeichnet sich durch zarte Pinselstriche aus.

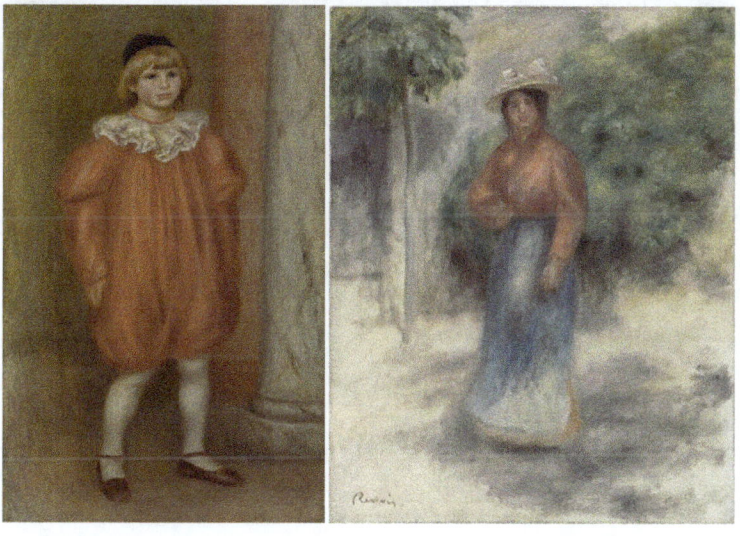

Claude Renoir, spielend
(Claude Renoir, Joant)
Der Sohn des Malers spielt mit Zinnsoldaten. Hervorzuheben sind die dicken und groben Pinselstriche im Hintergrund, die die Figur des Kindes mit viel Liebe zum Detail umgeben.

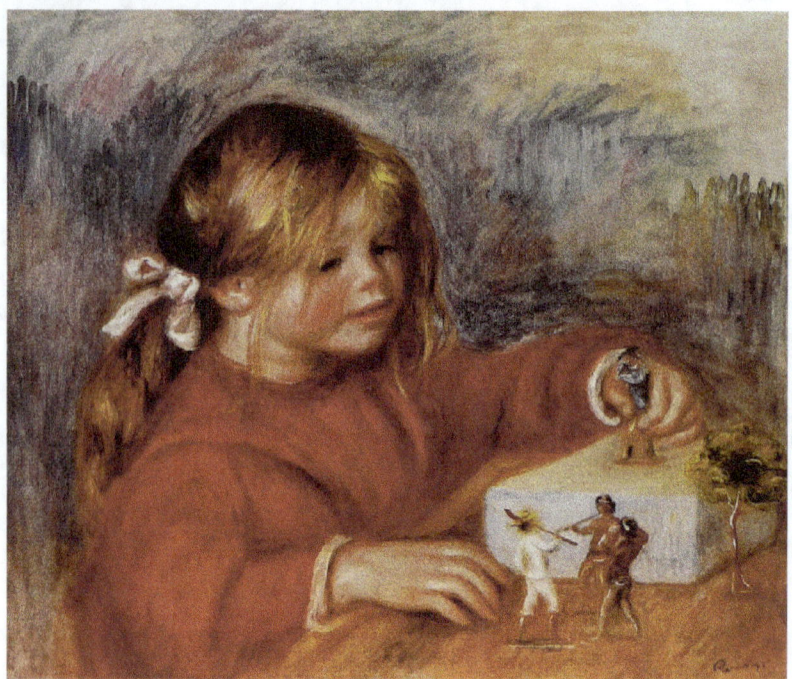

Gabrielle und Jean
Der Sohn des Malers und sein Kindermädchen spielen mit einigen kaum umrissenen Küken. Die Figuren verschmelzen mit dem Tisch und dem Blumenteppich im Hintergrund.

Junge Mädchen am Klavier
(Jeunes filles au piano)
Dies war das erste Renoir-Gemälde, das von einem französischen Museum erworben wurde.
Warme, diffuse Farben umgeben die Figuren der beiden jungen Frauen am Klavier, die mit viel Liebe zum Detail und einem feinen Pinselstrich

beispielsweise auf der Stuhllehne ausgeführt sind.

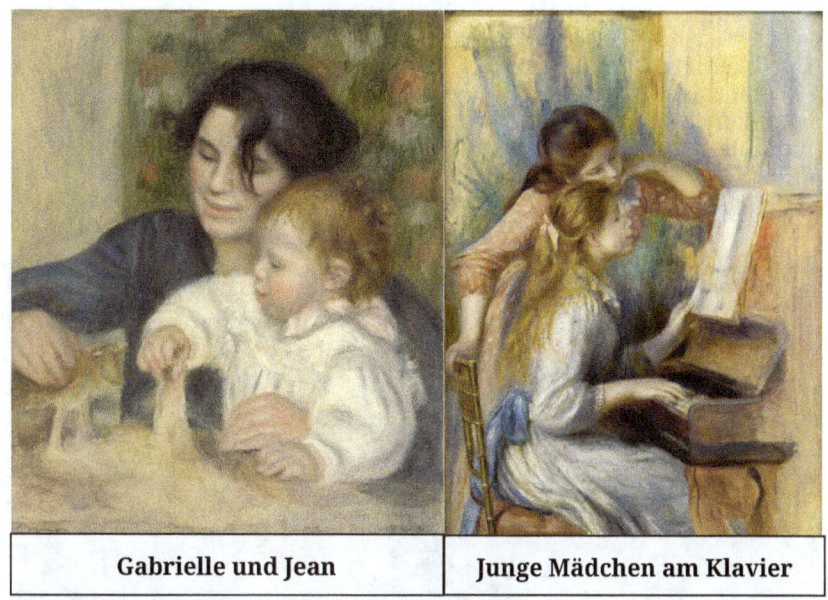

| Gabrielle und Jean | Junge Mädchen am Klavier |

Yvonne und Christine Lerolle am Klavier
(Yvonne et Christine Lerolle au piano)
Die Figuren der Frauen sind sehr detailliert definiert.

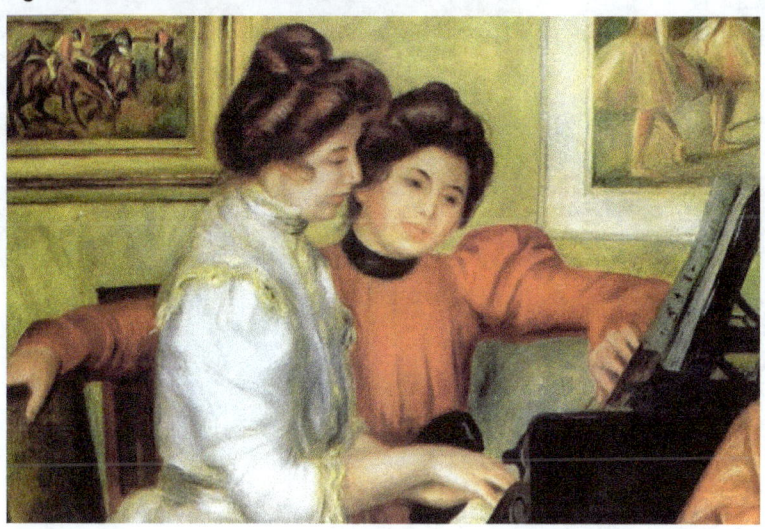

Das Weiß der Kleider und der gelbe Hintergrund vermitteln eine kühle Atmosphäre. An der Rückwand sind zwei Gemälde von Degas zu sehen.

Zwei kleine Mädchen
(Portrait de Deux fillettes)

Hervorzuheben sind die feinen, weichen Pinselstriche und die chromatische Harmonie, die die beiden Figuren mit dem Hintergrund verbinden. Das Gesicht des Mädchens mit Hut und seinen großen Augen ist mit einem sehr feinen Pinselstrich bearbeitet.

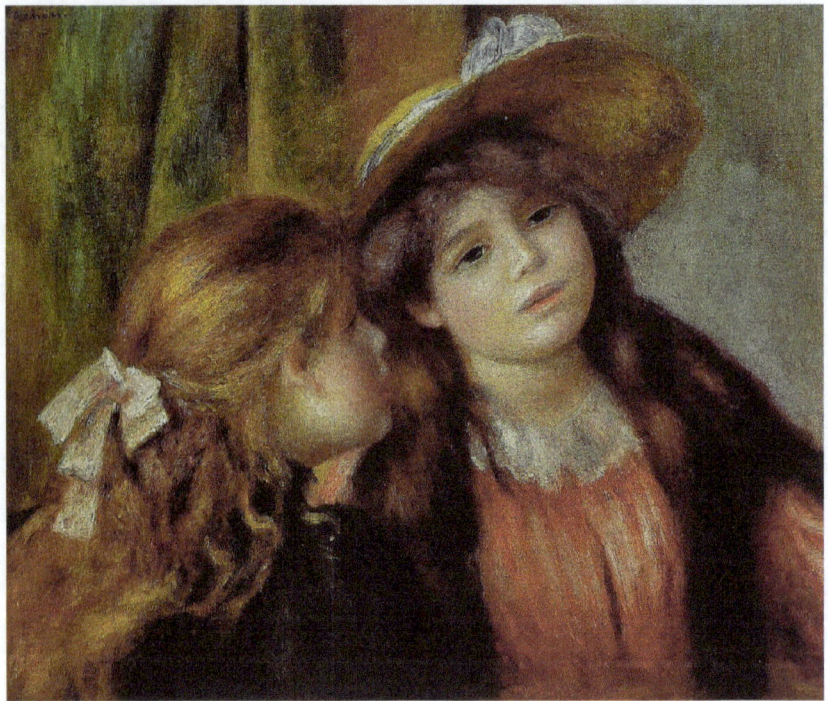

Frau mit einem Brief
(Femme à la lettre)

Die starre Gestalt der Frau mit ihren schwarzen Augäpfeln verleiht ihr ein kaltes und gespenstisches Aussehen. Sie hält einen Brief in der Hand und scheint über den Inhalt nachzudenken. Das Kleid ist weiß und blau, ebenso der bläuliche, verschwommene Hintergrund. zeitlos.

Porträt eines jungen Mannes und eines jungen Mädchens

Porträt eines Freundes des Malers mit einer jungen Frau. Es unterstreicht die Kraft und Lebendigkeit der harmonisch eingesetzten Farben. Der leuchtende Hintergrund umgibt das Paar und scheint ein gemeinsames Gefühl zu vermitteln, das in der Zeit eingefroren bleibt.

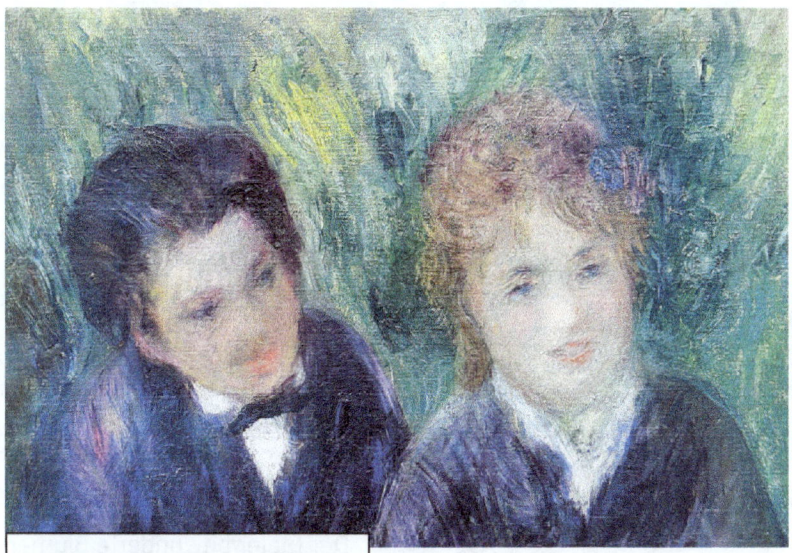

Frau mit einem Brief

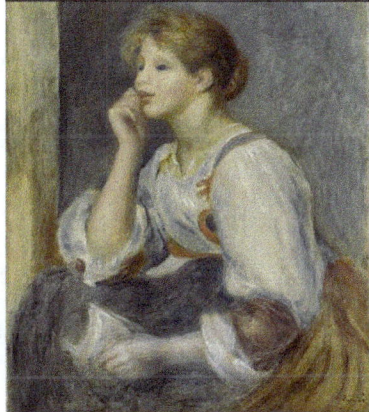

Blumen in einer Vase (Fleurs dans un vase)

Sorgfältige Komposition verschiedener Blumenarten mit Gelb-, Grün- und Rottönen auf weißem Hintergrund, die den Strauß noch mehr zur Geltung bringt. Hervorzuheben sind die weißen Reflexe in der Mitte der Vase.

Strauß (Bouquet)

Strauß Rosen und Mohn in einer grünen Vase. Cezannes Frau fertigte verschiedene Blumenkompositionen an, die vom Autor gemalt wurden.

Hervorzuheben sind ihre intensiven und lebendigen Farben, die sich noch stärker vom blauen Hintergrund abheben.

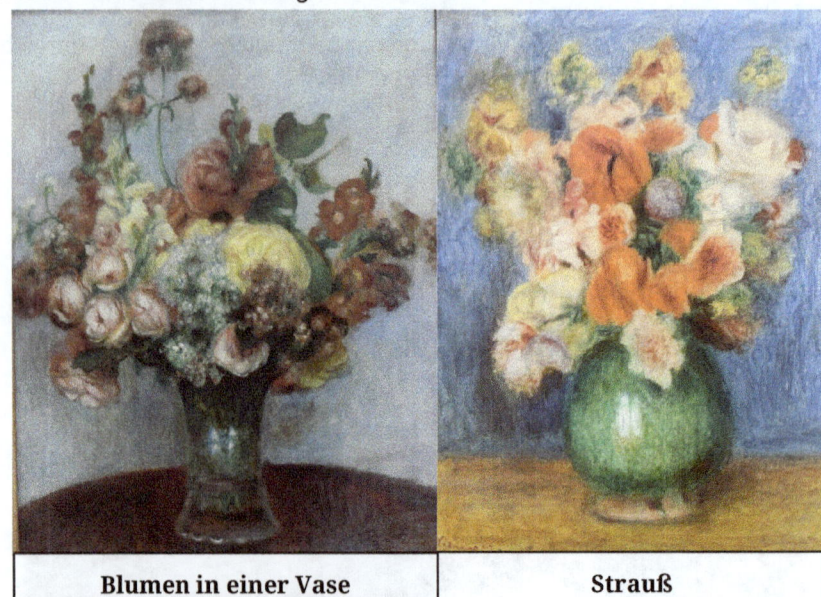

Blumen in einer Vase	**Strauß**

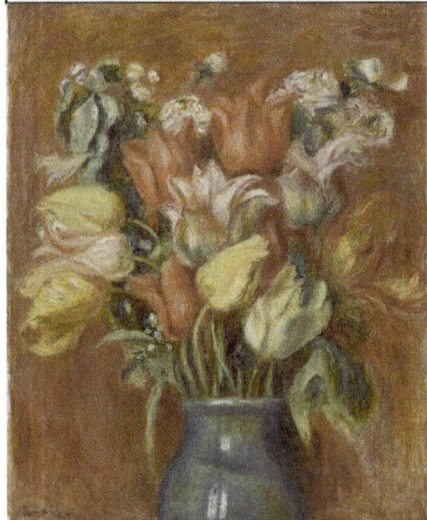

Tulpenstrauß
(Bouquet de tulipes)
Der Maler bewunderte Blumen, die er für die majestätischsten der Natur hielt. Auf einem Hintergrund mit Rottönen können wir Tulpen in den Farben Rot, Gelb und Grün sehen. Der dicke Pinselstrich fällt auf.

Blumenstrauß in einem Baumstamm
(Bouquet dans une loge)
Komposition, bei der der Kontrast zwischen Schwarz und Weiß sowie der Mangel an Tiefe hervorstechen.
Der Blumenstrauß ist in Papier eingewickelt und liegt auf einem Stuhl.

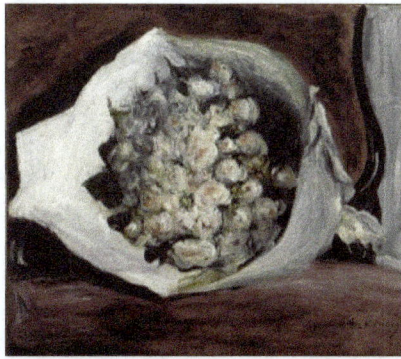

Erdbeeren
(Fraises)

Die Erdbeeren stapeln sich in einer Obstschale neben einer Zuckerdose und einigen Zitronen. Die Farben sind hell und intensiv: Rot-, Gelb- und Blautöne auf einer weißen Tischdecke.
Die angeschnittene Zitrone und die Falten der Tischdecke unterstreichen die Lebendigkeit dieser Komposition voller Kraft.

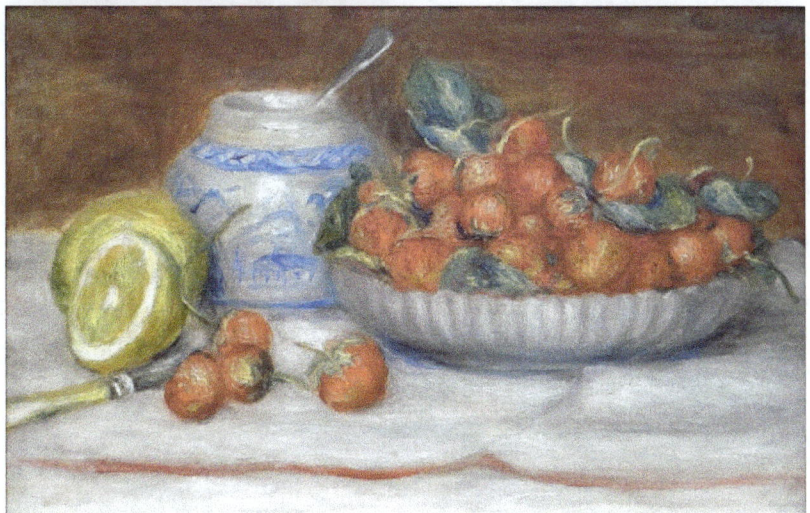

Äpfel und Birnen
(Pommes und Poires)

Die Obstschale scheint auf der Tischdecke zu schweben, den Wellen ausgeliefert, dargestellt durch die weißen Falten. Birnen und Äpfel werden verwechselt. Die Komposition ist von großer Kraft und Lebendigkeit ausgestattet.

Pfirsiche
(Pêches)

Die Komposition wird in verschiedenen Ebenen behandelt: Frontal und Profil. Die scheinbare Statik des Obsthaufens wird durch den aus der Obstschale gefallenen Pfirsich auf der linken Seite durchbrochen.

Die Tischdecke und die weiße Obstschale bilden einen Kontrast zu den Früchten und dem Hintergrund.

Die dicken, kräftigen und wellenförmigen Pinselstriche erwecken den Hintergrund zum Leben.

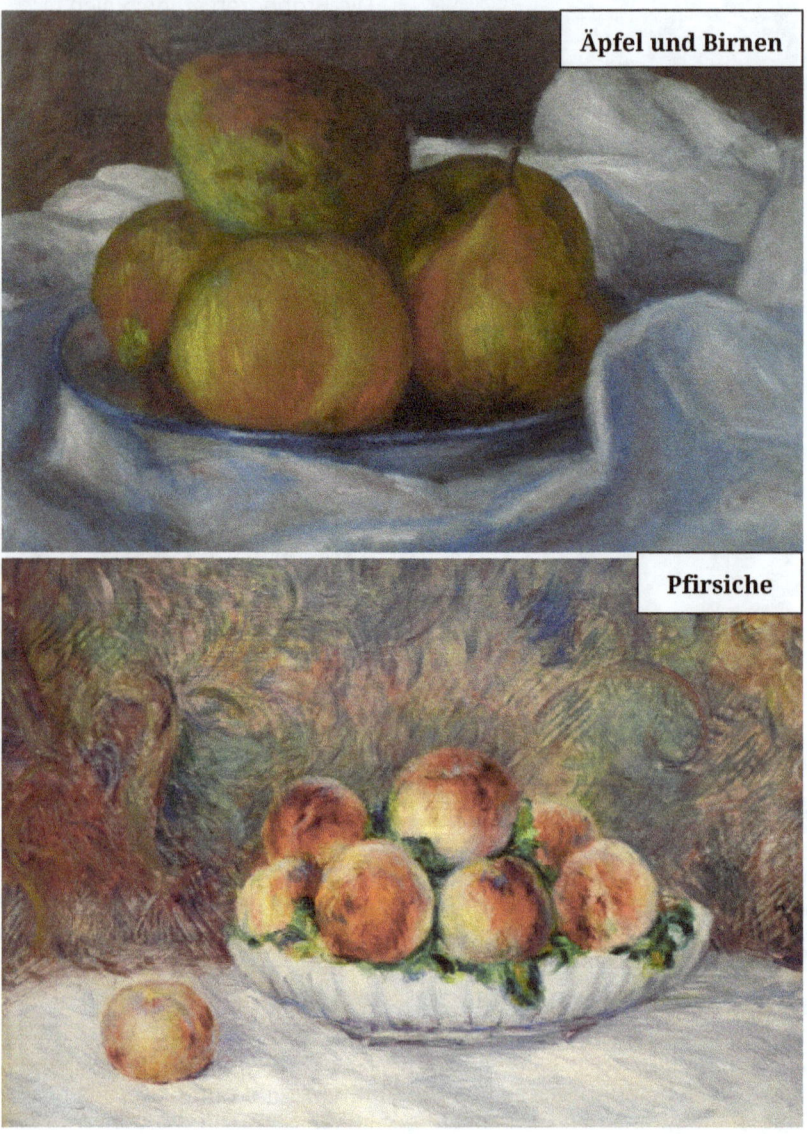

Äpfel und Birnen

Pfirsiche

Schneelandschaft
(Paysage de neige)

Es handelt sich um eine der wenigen Landschaften, die Renoir geschaffen hat, da er immer erklärte, dass er den Winter und die Kälte hasse, und wenn er konnte, zog er an die Küste des Mittelmeers, um dort zu leben.

Im Vordergrund erscheint der Schnee verschwommen in den Farben der Vegetation und der Felsen. Im Hintergrund scheinen sich einige zarte Bäume der Kraft des kalten Winters zu beugen.

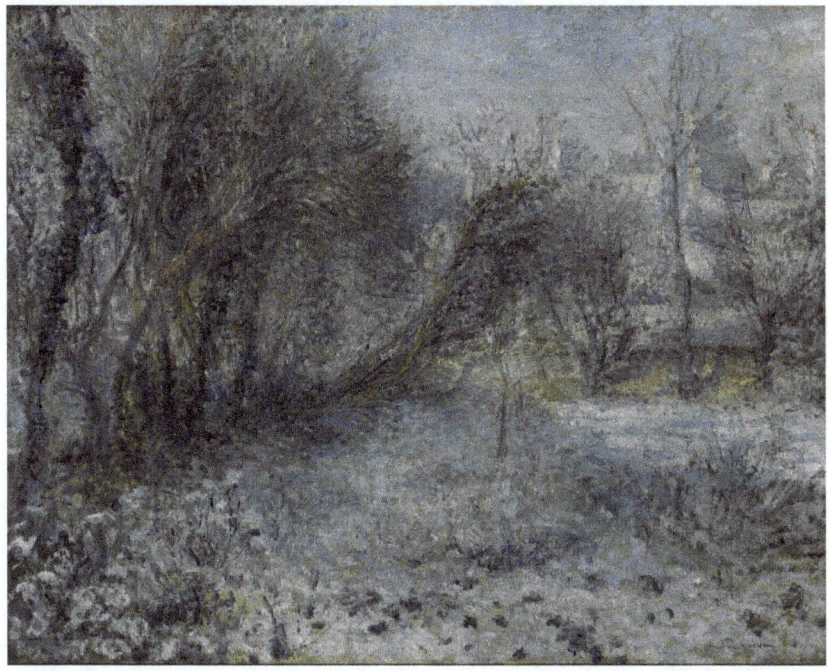

ALFRED SISLEY
(1839 - 1899, Licht in der Landschaft oder der reinste Impressionist)

Maler im impressionistischen Stil mit introvertiertem Temperament, Sohn englischer Kaufleute, die in Frankreich lebten.

Während seines Malereistudiums in Paris lernte er Monet, Renoir und Bazille kennen, mit denen er im Freien in Paris malte.

Nachdem er von seinem Vater enterbt wurde, lebt er mit einer jungen

Frau zusammen. Das Paar wird von Renoir in seinem Gemälde   Les Fiancés" (Das Haus von Sisley) dargestellt.

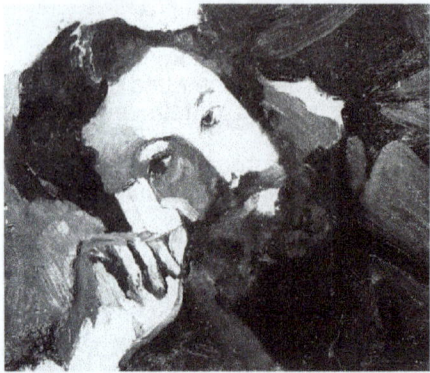

Jahre später lernte er Manet und den berühmten Journalisten Émile Zola kennen, als dieser häufig das Café Guerbois besuchte.
1871 verließ er Paris und ließ sich in Louveciennes in der Nähe von Renoirs Haus nieder, wo er den Wald von Marly-le-Roi und die Ufer der Seine malte.

Monet macht ihn mit dem Sammler Durand-Ruel bekannt, der die meisten seiner Werke kauft und ihm anbietet, seine

Gemälde in seiner Galerie in New York auszustellen.
Er nahm auch an den in Paris organisierten Ausstellungen impressionistischer Künstler teil und trat sogar der Gesellschaft der Schönen Künste bei.
Im Laufe seines Lebens erlebte er einige wirtschaftliche Schwierigkeiten.
Er wurde ein Jahr nach seinem Tod anerkannt und galt als der beste Landschaftsmaler.
Als Kuriosum: Der impressionistische Maler, der die Küsten am besten gemalt hat
Aufgrund eines bürokratischen Problems konnte del Sena nie die französische Staatsangehörigkeit erlangen.

Dein Stil

Sisley war unter den Impressionisten die Landschaftsmalerin schlechthin.
Seine Landschaften vermitteln ein Gefühl von Ruhe und Gelassenheit.
Es zeichnet sich durch den zarten Pinselstrich und die Weichheit der Farben aus.
Seine verschneiten oder nebligen Landschaften mit gelben, rosa und blauen Reflexen sind von Gustave Courbet und Camille Corot sowie von orientalischer Kunst beeinflusst.
Die Verwendung von Licht, dem unendlichen Himmel, Wasser und anderen meteorologischen Elementen ähnelt denen von Monet, dessen Einfluss sehr deutlich ist, unterscheidet sich jedoch von ihm dadurch, dass Sisley der Form immer den Vorrang einräumt.
•Die Weite des Himmels verleiht seinen Bildern Tiefe.
Die Figuren sind kaum skizzierte Silhouetten, das Hauptelement ist immer die Landschaft selbst, in der das Licht alle Elemente harmonisch anordnet.

-In der Anfangsphase werden die dunkleren Farben Grün und Braun verwendet.

-Mit der Reife werden die Farben heller und weicher.

-In einer späteren Phase begann er mit seiner Gemäldeserie, die das gleiche Objekt zu unterschiedlichen Zeiten bzw. Jahreszeiten darstellt. das gleiche Thema in verschiedenen Epochen (zum Beispiel die Wege der Sablons).

- Am Ende seines Lebens stechen die beeindruckenden Klippen hervor, die von den Wellen getroffen werden und an denen wir die Auswirkungen des Lichts auf Wasser und Sand sehen können.

Le Chemin de Montbuisson à Louveciennes (1875).

Landschaft des Flusses Seine westlich von Paris. Ein Weg im Vordergrund führt den Betrachter zum Fluss. Im Hintergrund ein riesiger bewölkter Himmel.

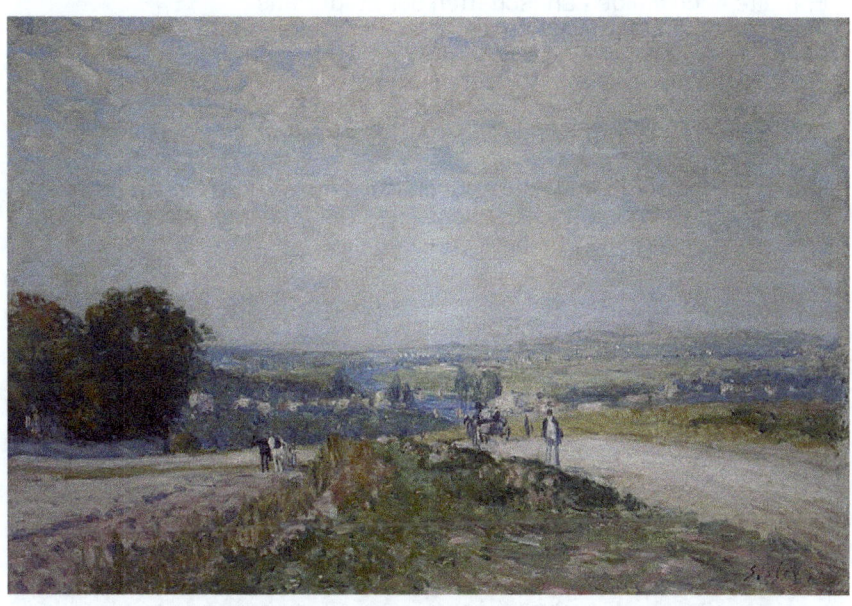

HENRY ROUSSEAU
(Ebene -2, Raum 8 Kunst in Paris)

Er wird dem Postimpressionismus zugerechnet. Als autodidaktischer Maler, der sagte, die Natur sei sein einziger Lehrer, war er der Schöpfer der naiven Kunst.

Wegen seiner Arbeit im Pariser Flusshafen wurde er abfällig als

Zollbeamter bezeichnet. Als er in den Ruhestand ging, widmete er sich dem Geigenspiel auf der Straße.

Seine Anfänge im Realismus werden bald von surrealen, naiven und scheinbar kindischen, exotischen und sogar karikaturistischen Elementen überholt, wodurch eine neue naive Kunst entsteht, die sich kaum in einen Stil einfügen lässt.

Der Mangel seiner Bildtechnik wird durch die Sensibilität, die er vermittelt, überwunden und kommt durch seinen besonderen Einsatz der Farbe zum Ausdruck.

Der Maler, der nie außerhalb Frankreichs gereist ist, wurde berühmt für die Darstellung von Dschungeln und Tieren, die er nur auf Illustrationen in Büchern und in Naturkundemuseen sehen konnte.

Er sagte, die seltsamen Pflanzen in den Gewächshäusern des Botanischen Gartens hätten ihn in einen Traum fallen lassen.

Er malte auch einige Landschaften der Stadt Paris.

In seinen Landschaften mangelt es an Perspektive, und auf derselben Ebene überlagert er eine oder mehrere flache, starre und ausdruckslose Figuren, die mit ihren großen offenen Augen dem Betrachter entgegenblicken. Das Licht verstärkt weder die Umrisse der Figur noch verleiht es Tiefe, sodass das Ergebnis etwas künstlich und unwirklich wirkt.

Er begann immer damit, die Landschaft zu malen, und als sie fertig war, fügte er menschliche oder tierische Figuren hinzu oder überlagerte sie und schließlich malte er einige Bereiche neu.

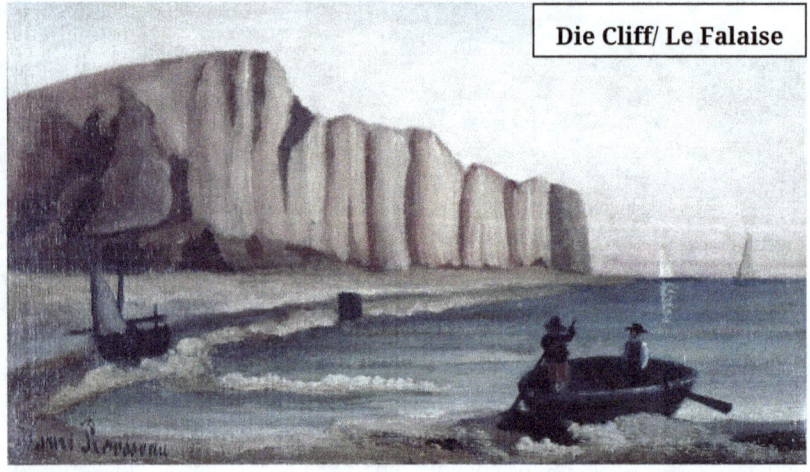

Die Cliff/ Le Falaise

Die Cliff

Wir können eine Klippe an der Küste der Normandie sehen, die sich durch ihre charakteristische Einfachheit auszeichnet. Wir wissen, dass der Maler das Meer nicht kannte, da er Paris kaum verließ und seine Erinnerungen anhand der Werke anderer Maler wie Courbet oder vielleicht auch anhand einiger Fotografien dieser Zeit nachbildete.

Das Schiff im Sturm
(Le Navire dans the tempête)

Rousseau sehnte sich nach Reisen, fürchtete sich aber gleichzeitig vor den Gefahren des Reisens, die uns in unbekannte Kräfte führen, die wir nicht kontrollieren können.

Der bleierne Regen sieht aus wie eine Metallplatte, die unweigerlich gegen das Spielzeugboot prallen wird. Die Wellen steigen bedrohlich auf und umgeben das Boot wie ein großes Maul.

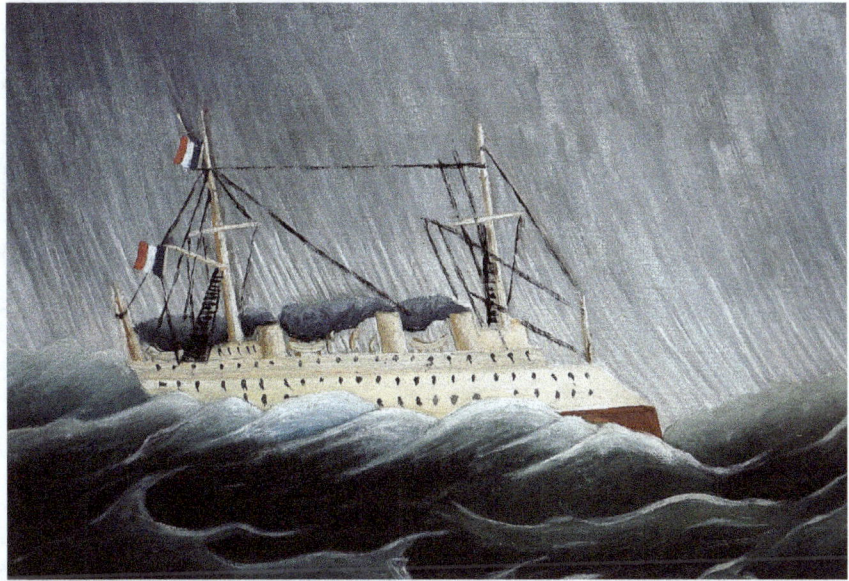

Angler
(Les Pêcheurs à la ligne)

Eine Szene des ländlichen Lebens, unterbrochen von beginnendem Fortschritt und Industrialisierung. Die Figuren der Fischer mit ihren Angelruten stehen im Kontrast zur Modernität des Flugzeugs, das über den Himmel Frankreichs fliegt. Was sie für einen Moment aus der Routine ihrer Arbeit reißt und sie zwingt, in den Himmel zu schauen.

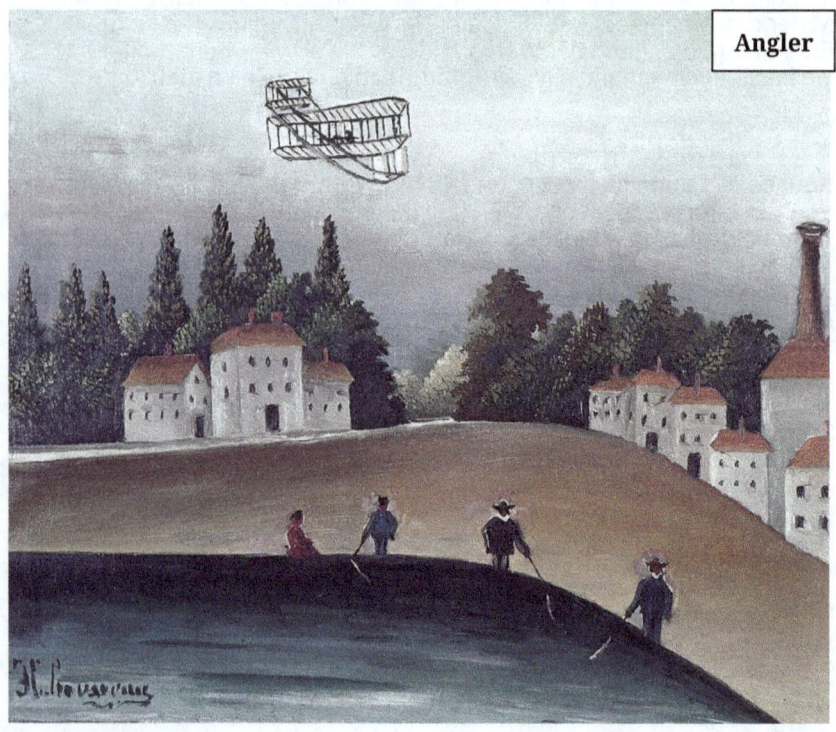

Angler

Die Kutsche von Pater Junier
(Die Carriole du Père Junier)
Dieses Gemälde diente dem Maler dazu, eine Schuld gegenüber Herrn Pere Junier, einem Gärtner in der Gegend, zu begleichen.
Die Ernsthaftigkeit und Starrheit der Figuren auf dem Auto und ihr frontaler Blick, auch der des Hundes, vermitteln den Eindruck, vor Puppen oder Marionetten zu stehen.

Die Stuhlfabrik in Alfortville
(La Fabrique de chaises à Alfortville)
Für die damalige Zeit ist es sehr gewagt, eine langweilige Industrielandschaft zu malen.
Das riesige Gebäude mit riesigen Türen und Fenstern steht im Kontrast zur Kleinheit der Spaziergänger und des Fischers.
Die Straße ist zu schmal und ihre Kurven stehen im Widerspruch zu den geraden Linien der Gebäude.

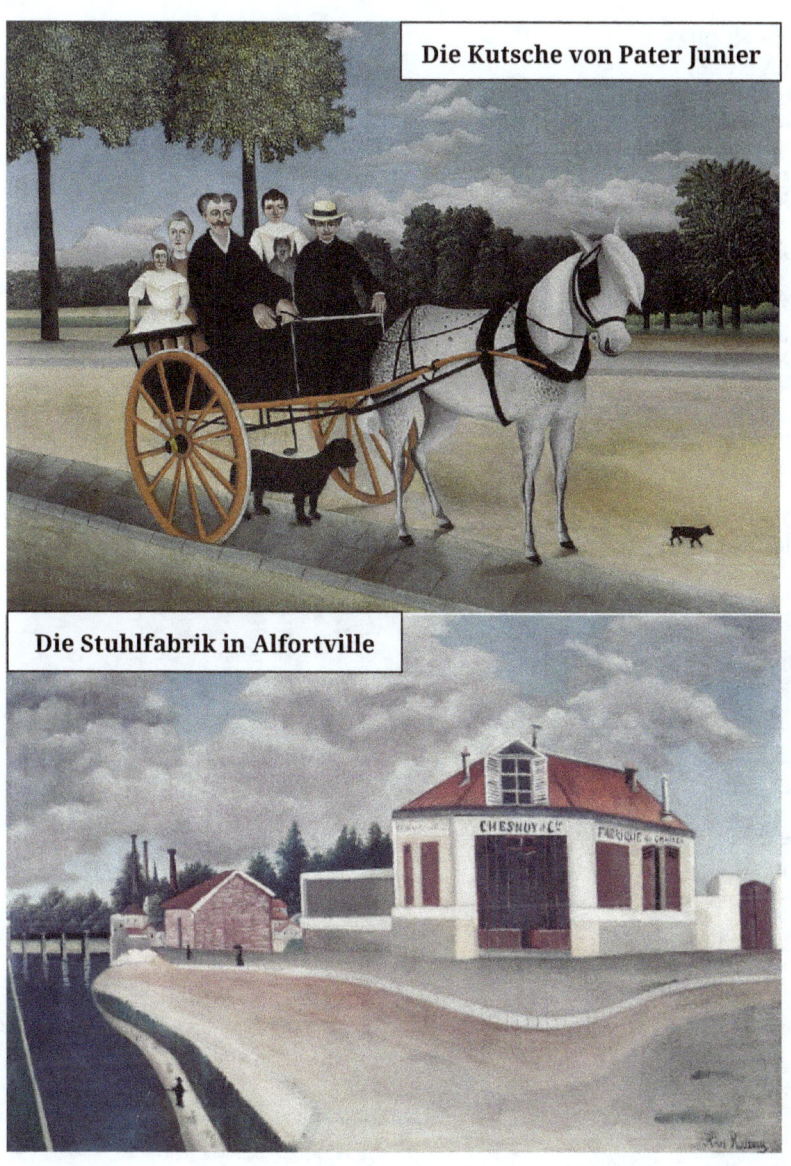

Die Kutsche von Pater Junier

Die Stuhlfabrik in Alfortville

Die Hochzeit
(La Noce)
In diesem Porträt einer Familienhochzeit fällt auf, dass die Braut schwebt, ohne dass ihre Füße auf dem Boden ruhen. Im Hintergrund umgeben ein tiefblauer Himmel und einige kleine, exotisch anmutende Bäume die Gruppe. Im Vordergrund erscheint ein großer Hund und blickt den Betrachter an.

Das Ganze erscheint uns als etwas Unwirkliches.

Das Kind mit der Puppe
(L'Enfant à la poupée)
Der seltsame Junge starrt den Betrachter an. Seiner Figur mangelt es an Tiefe und sie sieht aus wie eine Papierpuppe.
Es hat eine unverhältnismäßige Größe. Kleine Arme und große Beine, die im Gras versinken und im Profil gemalt sind, was ein seltsames Gefühl hervorruft.

Die Farbe des Grases und des blauen Himmels schaffen Perspektive in der Komposition.

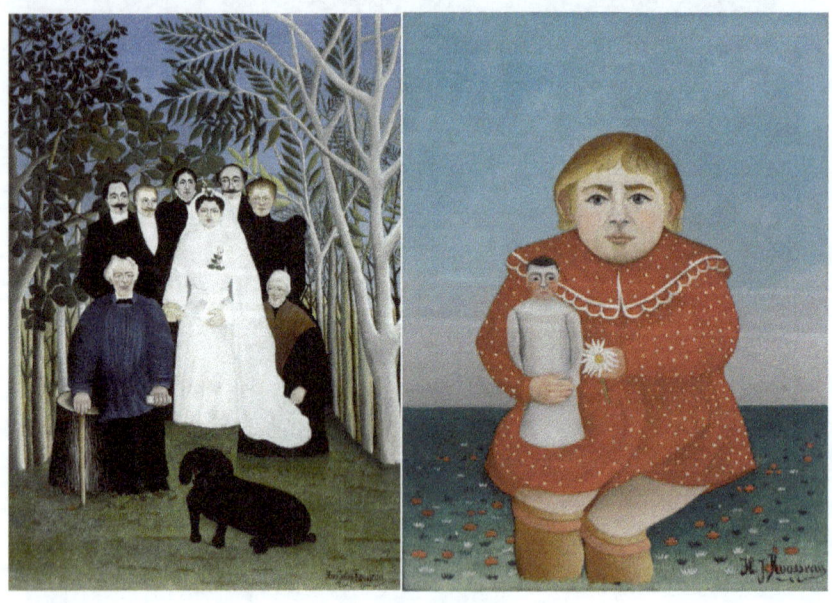

GAUGUIN

Postimpressionistischer Maler. Sohn eines Journalisten und einer prominenten feministischen Führerin, ursprünglich aus Peru, wo der Maler seine Kindheit verbrachte. Er liebte Boxen und Fechten und kleidete sich extravagant.
Sie begann mit Pissarro zu malen und bewunderte Degas zutiefst, mit dem sie stets eine enge Freundschaft verband.
Gauguin lehnte Seurats pointillistische Technik ab.

Sein Zweck bestand darin, die Seele dessen einzufangen, was es darstellte (Natur, Landschaften, Menschen), Reinheit, Harmonie, Gelassenheit und die Spiritualität von allem zu entschlüsseln, was uns im täglichen Leben umgibt.

Die meisten seiner Techniken galten als experimentell.

Ägyptische Elemente tauchen in zwei Werken auf: Sein Name ist Vairamauti und Ta Matete.
Im Jahr 1886 begann er, Landschaften zu malen, in denen die Natur und die Verwendung reiner Farben zu den Protagonisten des Gemäldes werden und die Formen ihnen untergeordnet sind. Ein Beispiel ist: Die bretonische Schäferin, die badenden jungen Bretonen und die vier bretonischen Frauen mit karikaturähnlichen Elementen.

Beeinflusst von der orientalischen Kunst eliminiert er alle Perspektiven und Farbabstufungen, malt die Formen mit reinen Farben und hebt ihre Konturen mit schwarzen Farben hervor.
Jahre später haben Farbe und Form einen gleichwertigen Wert, den man synthetischen Stil nennt.
Es ist bekannt, dass drei dieser Werke von Van Goghs Bruder gekauft wurden.

Van Gogh bewunderte Gauguin zutiefst, sie malten gemeinsam im gelben Haus das Van Gogh in Arles hatte. Sie waren gute Freunde, bis die Beziehung abrupt zerbrach, als Van Gogh ihn am 23. Dezember 1888 mit einem Rasiermesser angriff und ihm dann das linke Ohr abschnitt.

Gauguin verließ Arles und sie sahen sich nie wieder.
Claude Schuffenecker war ein französischer Maler des
Postimpressionismus und erwarb Vincent van Goghs erstes Gemälde.
Schuffenecker war ein großer Freund Gauguins.
Degas kaufte Gauguins Melancholie (Te faaturuma), Frau mit Mango und
Olympia, und präsentierte es auf einer Ausstellung, in der Maler wie
Pisarro, Monet und Renoir seine Werke kritisierten und verspotteten.
Für seine Hilfe schenkte Gauguin Degas sein Werk   Der Mond und die
Erde".
Das Gemälde Reiter am Strand ist stark von Degas' Hippodrom vor dem
Rennen beeinflusst.

Als Gauguin sich auf Tahiti aufhält, unterstützt er die Eingeborenen
gegen die falschen Anschuldigungen eines Gendarmen, was dazu führt,
dass er zu drei Monaten Gefängnis verurteilt wird, die er aber nie verbüßt,
da er plötzlich an einem Herzinfarkt stirbt.

Gauguin gilt als Begründer des Primitivismus, der auf Einfachheit basiert,
von den klassischen Proportionen des menschlichen Körpers abweicht,
die wildeste Natur darstellt und Tierfiguren und geometrische Muster
verwendet.

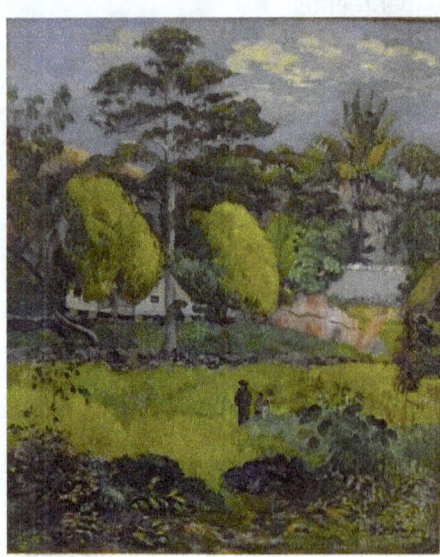

Sein Stil wurde von Van Gogh,
Matisse und Pablo Picasso
sehr bewundert.

Er sagte einmal, dass die Kunst
aus der Natur entspringe, es sei
eine Abstraktion, die sich auf
den Schöpfungsakt selbst und
nicht auf das Ergebnis
konzentriere, weshalb es für
Gauguin ein Fehler sei, die
Natur so zu kopieren, wie sie ist.

Bezahlung (Paysage)

Dieses Werk stellt eine
Landschaft Französisch-
Polynesiens dar, wo der
Maler lebte. Im Hintergrund
erscheinen eine Lagune und
eine weiße Hütte, fast bedeckt
von Vegetation in verschiedenen Grüntönen.

Im mittleren Teil sehen wir eine Gruppe von Kindern mit einem Missionar.
Es wurde zwei Jahre vor Gauguins Tod gemalt.
Die Überlagerung der Figuren bricht die Tiefe des Gemäldes.

AMADEO MODIGLIANI (Ebene -1, Raum 3)

Italienischer Maler und Bildhauer jüdischer Herkunft, dessen Porträts und

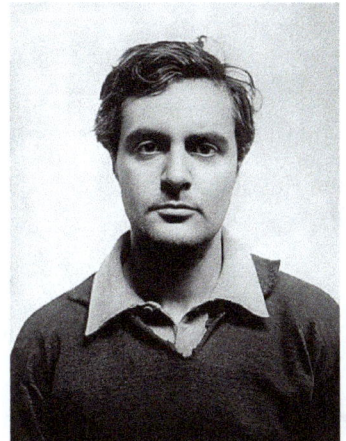

Akte zu den gefragtesten der Welt gehören, was ihn zu einem der größten Künstler des 20. Jahrhunderts macht. Er lebte immer in Armut, obwohl er versuchte, etwas anderes vorzutäuschen, indem er behauptete, er stamme aus einer Bankiersfamilie.
Er reiste nach Venedig, um Malerei zu lernen. Dort begann für ihn ein ausschweifendes Leben.

In Paris traf er Pablo Picasso und Chaïm Soutine sowie den Dichter Apollinaire. Als er Constantin Brâncuşi traf, begann er mit der Schaffung seines skulpturalen Werks, das einen primitivistischen Idealismus mit einer übertriebenen Verlängerung menschlicher Figuren hatte.

Sein stürmisches Liebesleben verhindert eine stabile Beziehung, bis er die junge Jeanne Hébuterne kennenlernt, kaum 18 Jahre alt, die er nie geheiratet hat.

Viele seiner Partner fungieren als Modelle für seine Gemälde, wie wir in Madame Pompadour und Maria Vassilieff sehen können.
Seine Aktbilder werden aus Kunstgalerien entfernt, was seinen chronischen Alkoholismus verschlimmert.

Er starb 1920 im Alter von 35 Jahren an den Folgen einer Tuberkulose, die er sich in seiner Jugend zugezogen hatte, nachdem er mehrere Tage in einem beklagenswerten Zustand der Verlassenheit und des körperlichen Verfalls im Bett gelegen hatte.

Am selben Tag seiner Beerdigung werden 20 seiner Gemälde erstmals ausgestellt. Wenige Tage nach Modiglianis Tod begeht Jeanne Hébuterne, schwanger mit dem Maler, Selbstmord. Ein Jahr später stimmt Jeannes Mutter zu, dass die Leiche ihrer Tochter neben Modigliani begraben wird.

Sein Werk ist von Cézanne und Toulouse-Lautrec sowie dem Kubismus von Picasso beeinflusst.
Sein eigener Stil lässt sich in keine der künstlerischen Strömungen der Zeit einordnen. Es zeichnet sich durch einen linearen Aufbau und eine schnelle Ausführung aus, da er keines seiner Gemälde retuschierte. Er hatte eine erstaunliche Fähigkeit, das Innere von Menschen darzustellen. Er malte Picasso und Soutine.

Der junge Lehrling
(Le jeune apprenti)

Dieses Werk weist Einflüsse von Cézanne und Gauguin auf.
Wir sehen die Gestalt eines nachdenklichen jungen Mannes mit dem Aussehen einer schweren Skulptur und rauen Händen.
Die Konturen sind skizziert. Es fehlt die Tiefe.

Rothaariges Mädchen
(Fille Rousse)

Dieses Gemälde einer jungen Frau mit länglichem Gesicht weist Einflüsse des kubistischen Stils auf. Im Hintergrund sind einfache geometrische Formen in verschiedenen sanften Tönen zu sehen.

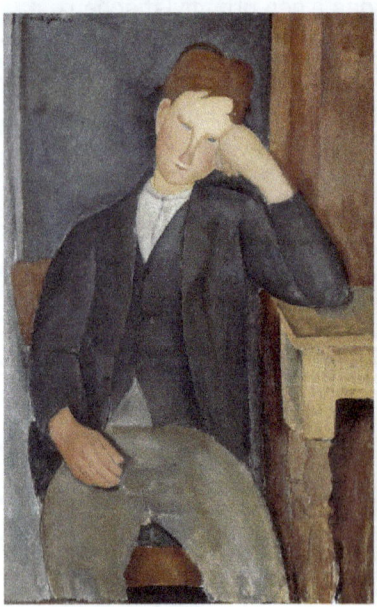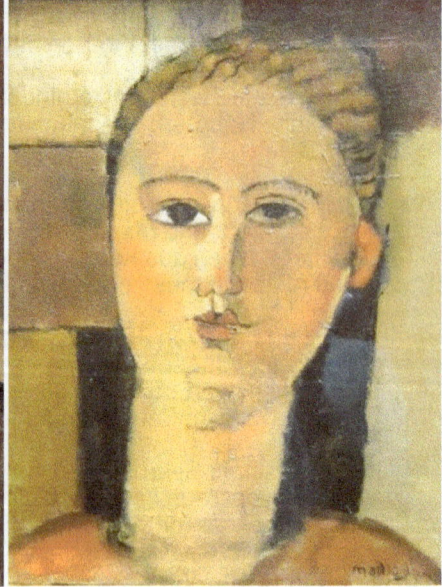

Frau mit Samtband
(Femme au ruban de velours)
Dieses längliche Gesicht mit seinen leeren Augen ist von afrikanischer und polynesischer Kunst beeinflusst.
Im dunklen Hintergrund erscheint eine Landschaft. Der Pinselstrich bedeckt nicht das gesamte Gemälde und gibt den Blick auf die weiße Leinwand frei.

Antonia
Werk mit kubistischen Einflüssen. Die Frau hat ein rundes Gesicht, einen langen Hals und große Hände. Die Vorderseite des Gesichts steht im Kontrast zu den Ohren und Haaren auf der rechten Seite, die im Profil erscheinen.
Der Hintergrund hat die geometrische Form eines Kreuzes. Die Figur hat auch die Arme verschränkt. Neben seinem Namen ist ein kleines Kreuz gemalt.

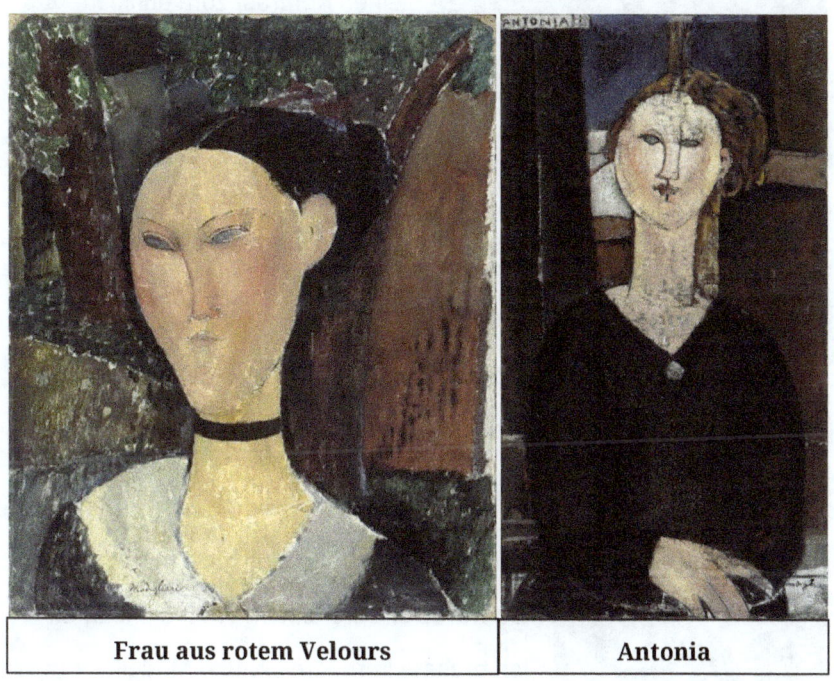

Frau aus rotem Velours	Antonia

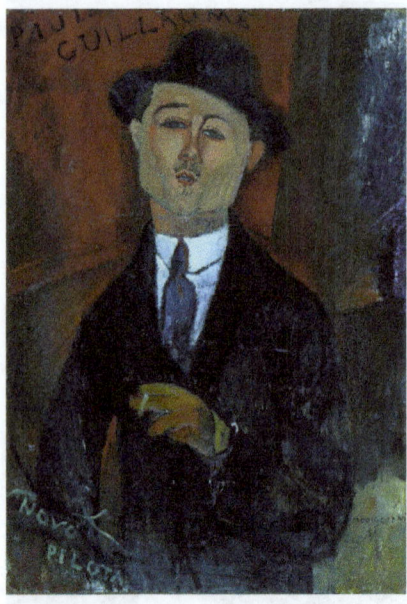

Paul Guillaume (Novo Pilota) (Ebene -2, Raum 8 Les Arts à Paris)

Paul Guillaume unterstützte Modigliani finanziell, der mehrere Porträts

seines Gönners, eines Liebhabers neuer künstlerischer Strömungen, anfertigte.
Auf diesem Gemälde ist Paul Guillaume kaum 23 Jahre alt. Er erscheint mit einer gewissen hochmütigen Miene und einem durchdringenden Blick.
Sein quadratisches Gesicht ist in einem sehr hellen Ton bemalt, der einen Kontrast zum dunklen Hintergrund bildet und den Betrachter auf ihn aufmerksam macht.

CHAIM SOUTINE (Ebene -2, Raum 9)
Weißrussischer Maler, der der Pariser Schule angehörte.
Sein Vater, ein orthodoxer Jude, weigerte sich, seinen Sohn Malen lernen zu lassen. Trotzdem besuchte Soutine die Schule der Schönen Künste und kam später nach Paris, wo er Modigliani traf, den er mehrmals malte.
1927 veranstaltete er seine erste Ausstellung und trat in den Kreis der sogenannten unabhängigen Künstler ein.

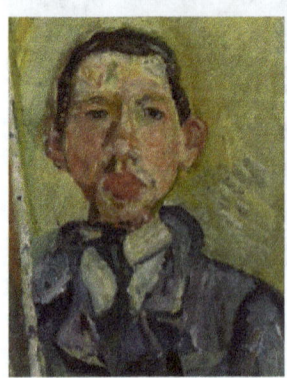

Während des Zweiten Weltkriegs musste er Paris verlassen und seine gesundheitlichen Probleme verschlimmerten sich, so dass er kurz darauf in einem Krankenhaus starb.

Sein expressionistischer Stil ist von Rembrandt, Cézanne und Van Gogh beeinflusst. Er hatte eine ganz besondere Art zu malen. Er tat es so schnell, dass es schien, als würde er unter einem Wahnsinnsanfall leiden.
Ich musste immer mit einem Modell vor mir malen.

Das Weiße Haus
(La Maison Blanche)

Diese Landschaft ist in Soutine aufgrund ihres größeren Realismus ungewöhnlich. Im Vordergrund zwei Straßen, die zu einer Straße zusammenlaufen, die nach links abbiegt und der Landschaft Tiefe verleiht. Im zentralen Bereich steht ein Haus mit geraden Linien, das dem Schlag der sich windenden Bäume standhält.

Landschaft
(Paysage)

Diese Landschaft ist voller Leben und verfolgt Soutines Ängste. Im Hintergrund neigt sich ein großer Baum nach rechts zum Betrachter. Der blaue Himmel bewegt sich in die gleiche Richtung.
Die Farben sind heller und intensiver.

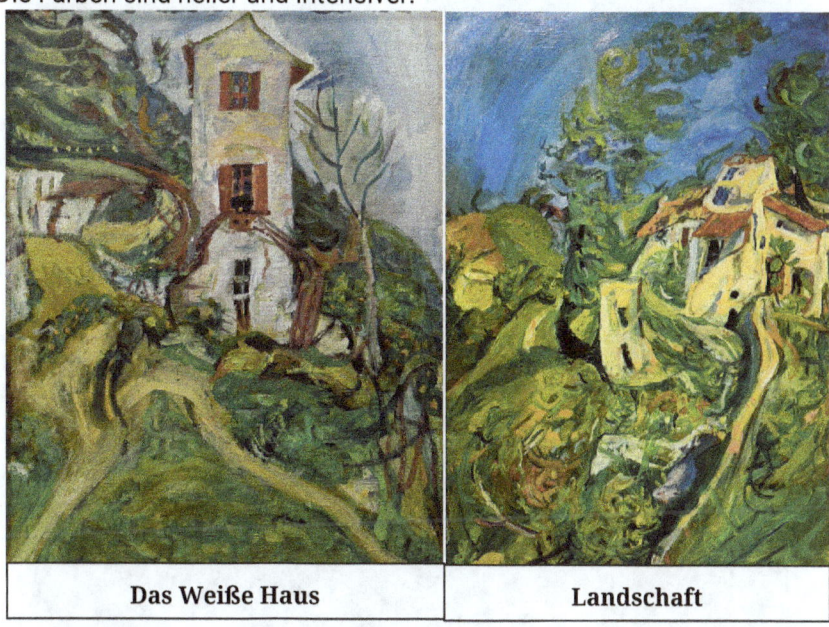

| Das Weiße Haus | Landschaft |

Die Häuser
(Les maisons)

Hier erscheinen die Häuser einer Kleinstadt in den Pyrenäen. Die Häuser wirken völlig verzerrt: Sie neigen und strecken sich, nehmen das gesamte Gemälde ein und vermitteln den Eindruck einer gespenstischen oder albtraumhaften Landschaft, die die schwierige persönliche Situation

darstellt, die er durchmachte. der damalige Maler.
Andere Gemälde mit demselben Thema wurden vom Maler zerstört.

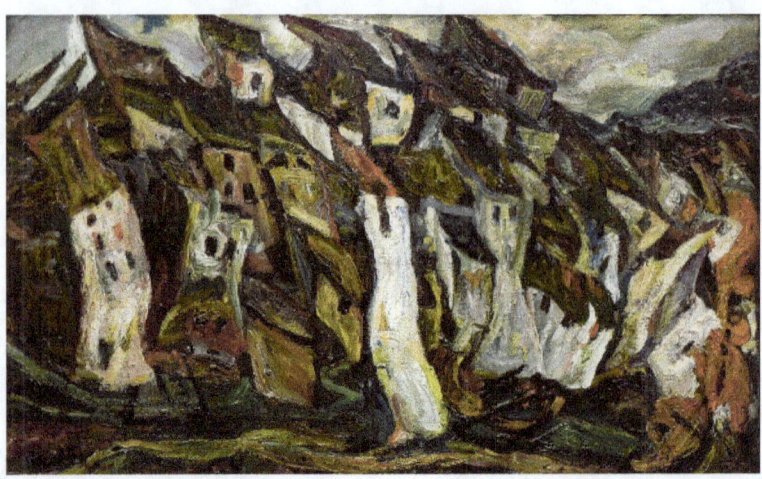

Landschaft mit Charakter
(Paysage avec personnages)

Ein Pfad, der von der rechten Seite des Gemäldes kommt, wendet sich
und führt zum Ende der Komposition. Drei Figuren gehen den Weg
entlang.

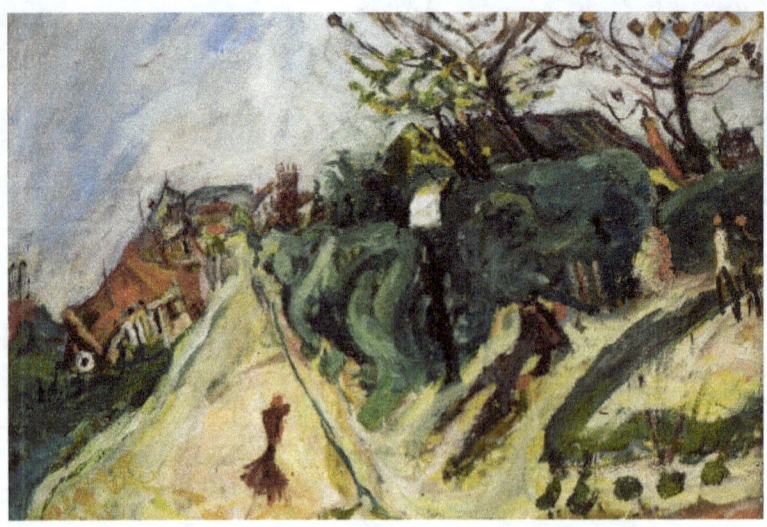

Die Bäume scheinen bedrohlich auf die Häuser zu fallen. Alles in der Landschaft bebt im Gleichklang, neigt sich und steuert auf den Abgrund zu, der auf der linken Seite zu spüren ist.

Das Dorf
(Le Village)

Das Gemälde ist eines der Meisterwerke des expressionistischen Stils. Die Objekte, aus denen diese kühne Landschaft besteht, scheinen zum Leben zu erwachen.

Mit ihren lebendigen, geschwungenen, geneigten und länglichen Formen drücken sie ein Gefühl von Schmerz und Frustration aus, das der Künstler selbst zum Ausdruck bringen möchte. Die gesamte Landschaft ist mit Soutine verwechselt, es ist Soutine selbst.

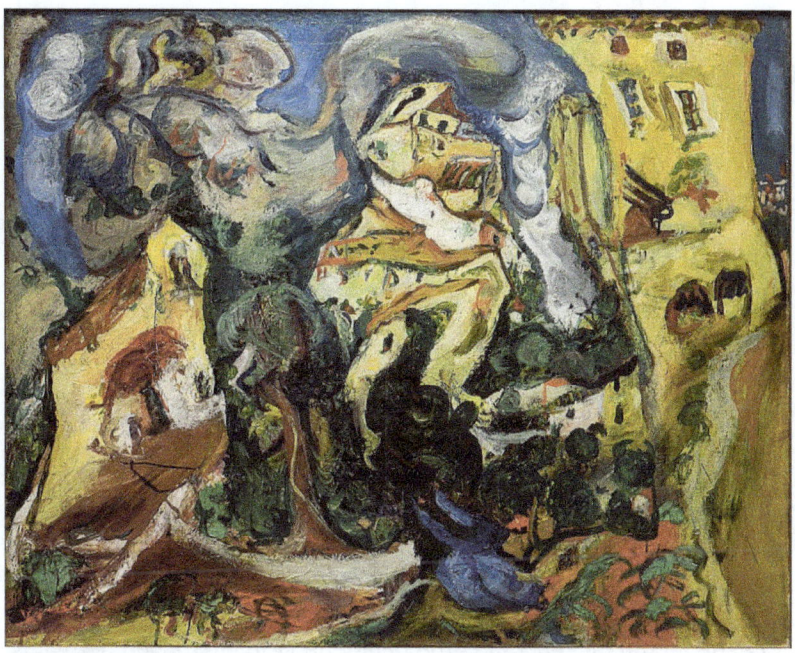

Der große blaue Baum
(Le Gros Arbre Bleu)

In dieser bedrückenden Landschaft zittert der Baum vor Angst.
-Im Hintergrund ein bedrohlich blauer Himmel, der den Baum in einen weißen Wirbelsturm zu hüllen scheint.
- Auf der rechten Seite des Betrachters sieht man im Vordergrund ein

schiefes Haus, das aussieht, als würde es den Hang hinuntergezogen werden.
-Auf der linken Seite des Gemäldes, im Vordergrund, verschmelzen zwei schwarze Figuren mit der Landschaft.

Truthahn und Tomaten
(Dindon et Tomates)

Auf einem horizontalen Tisch ein nach links geneigter Truthahn und ein Haufen Tomaten, die gegen die Gesetze der Physik zusammengefügt und detaillierter als die anderen gemalt wurden.
Wir können die schnellen, lebendigen Pinselstriche sehen, die den Körper des Tieres formen, und den großen schwarzen Fleck, der wie faulige Flüssigkeit aussieht, der aus dem Körper austritt und eines seiner Beine bedeckt.

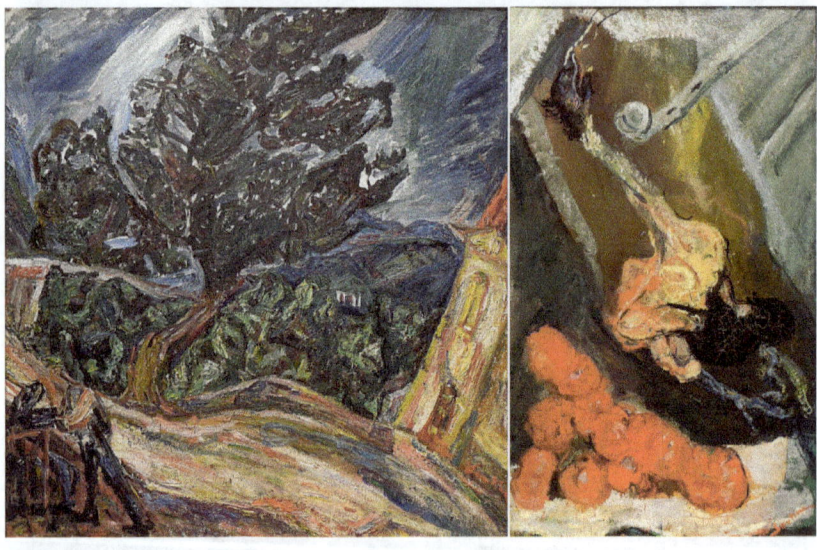

Stillleben mit Fasan
(Nature morte au fasan)

Der Fasan ist mit dicken, mit Farbe beladenen Pinselstrichen bemalt. Wenn wir das Tier betrachten, sehen wir sowohl die Federn als auch die Eingeweide und das Innere seines Körpers, der auf einem weißen Tuch liegt.

Der rote Pfeffer kann einen Blutfleck darstellen.
Im Hintergrund ein Krug, aus dem eine seltsame löffelförmige orangefarbene Flüssigkeit gegossen wird.

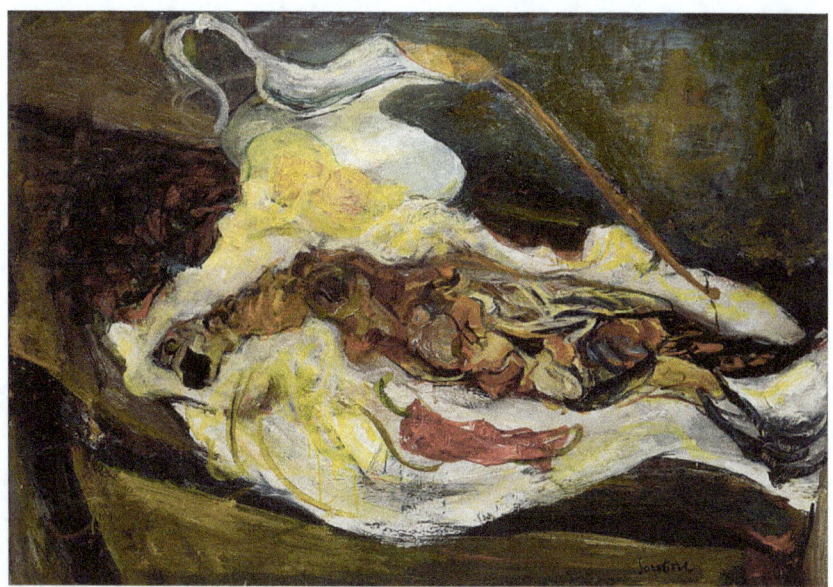

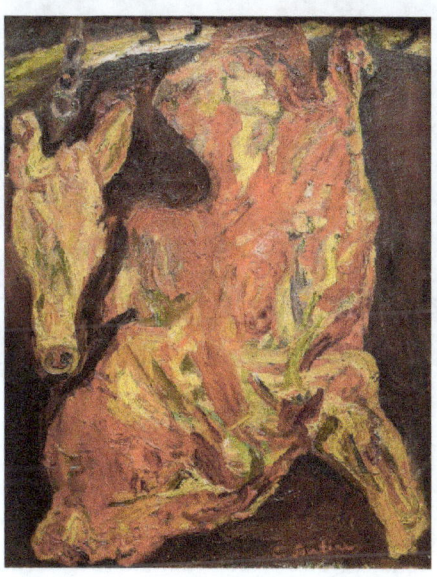

Rind- und Kalbskopf
(Boeuf et tête de veau)

Es ist bekannt, dass der Wohnsitz des Malers in Paris in der Nähe eines Schlachthofs lag.

Als Soutine die gehäuteten Körper der Ochsen sah, kam ihm ein Ereignis in den Sinn, das ihn als Kind traumatisierte, da er sah, wie ein hilfloses Tier getötet wurde, und nichts unternahm, um sein Leben zu retten.

Mit dicken Pinselstrichen voller Rot und Gelb zeichnet er das blutige und fettige Fleisch des unglücklichen Ochsen.

Das gerupfte Huhn
(Le Poulet Plumé)
Das gerupfte Huhn hängt an einem Haken auf blaugrauem Hintergrund. Sein schwarzes Gefieder umgibt seinen Hals.

Die Türkei
(Le Dindon)
In diesem Gemälde mit einer sehr beunruhigenden Atmosphäre ist der Truthahn mit offenem Schnabel bis zum Hals gerupft, was auszudrücken scheint, dass er lebendig gerupft wurde. Seine vor Schmerz verdrehten Beine erscheinen blau bemalt. Links der Fleck von gerupften Federn.

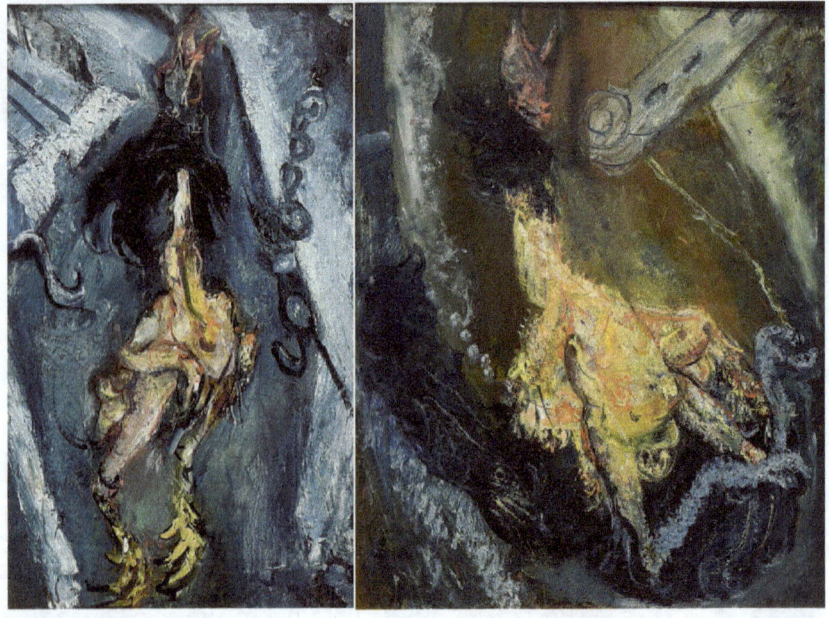

Der Tisch
(La Table)
In einer gewagten Komposition werden geschwungene Linien gespielt, um den Objekten Bewegung und Leben zu verleihen. Der Tisch wirkt seltsam gebogen und geneigt. Die Fleischstücke schweben in der Luft. Die Obstschale auf der Tischkante scheint herunterzufallen. Die Kaffeekanne wird in die Luft gehalten. Auf dem Tisch fällt die rote Farbe des Fleisches auf.

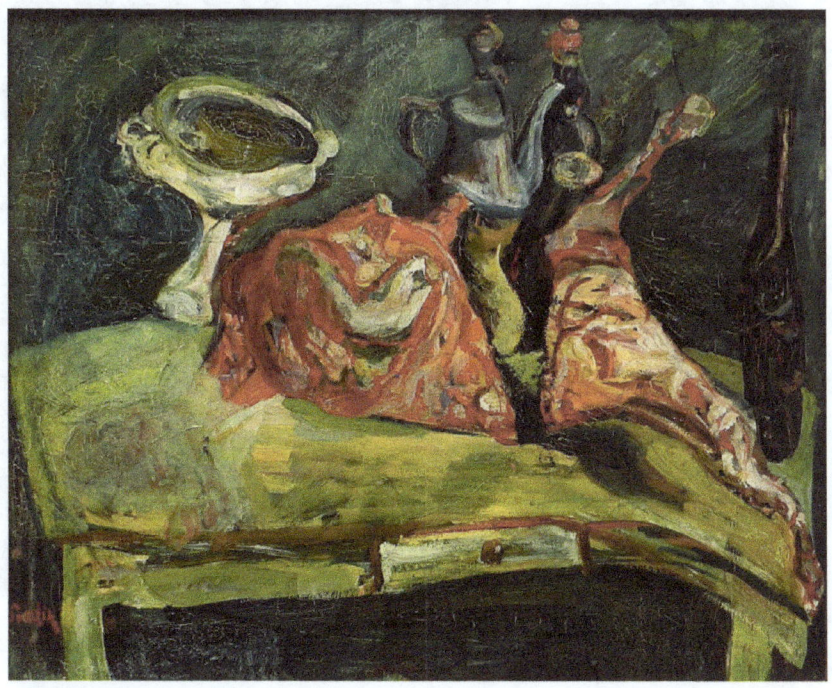

Das Kaninchen
(Le Lapin)
Das Kaninchen erscheint an seinen Beinen hängend neben einem tiefroten Krug, der den Tod des Tieres symbolisiert. Sein Fell ist mit einem lebendigen Pinselstrich voller Kraft bemalt.

Gladiolen
(Glaïeuls)
Ungewöhnliche Komposition, in der er versucht, den Blumen Bewegung zu verleihen, die in einer intensiven roten Farbe gemalt erscheinen und groß sind, um einen Kontrast zum schwarzen Hintergrund zu bilden.

Die nach rechts geneigte kleine Vase scheint aus dem Gemälde verschwinden zu wollen.

Die Pinselstriche sind sehr dick und rau, insbesondere die Stiele.
Das Gemälde wurde Jahre nach der Fertigstellung vom Autor neu bemalt.

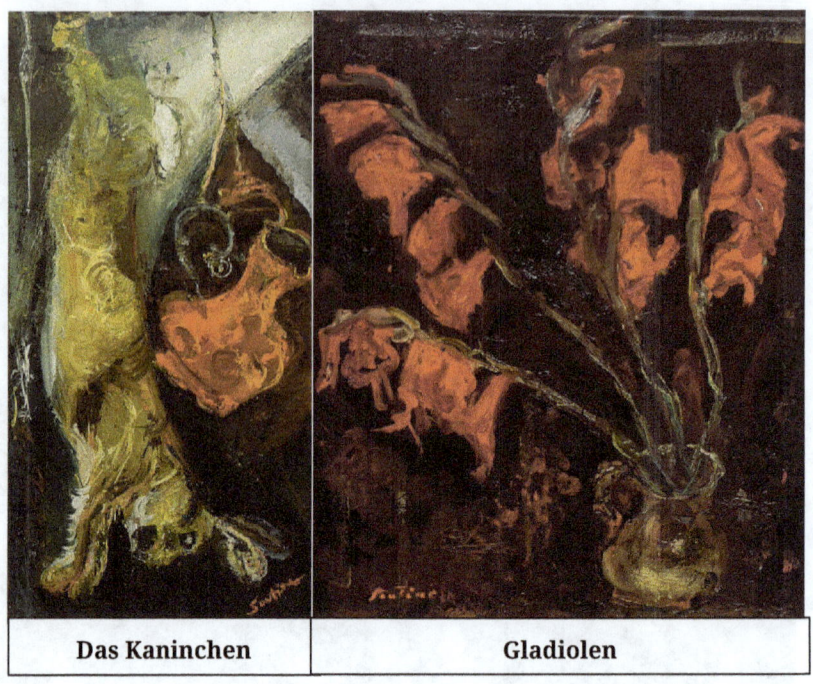

| Das Kaninchen | Gladiolen |

Die Braut
(La Fiancée)
Hier sehen wir die extrem langgestreckte und dünne Figur einer Frau. Ihre großen rötlich-weißen Hände verleihen ihr ebenso wie ihre Arme, ihr Gesicht und ihre Haare das Aussehen einer Leiche.

Trauzeuge
(Garçon d'honneur)
Der in Abendkleidung gekleidete Junge legt seine Hände auf die Knie. Sein Gesicht drückt Traurigkeit aus. Seine Hände sind sehr groß und seine Beine sehr lang. Wir können nicht sehen, worauf er sitzt.
Der Hintergrund ist zeitlos. Das Gemälde stellt das traurige Bürgertum der Zeit dar, das auf unbekannte und verborgene Geschäfte angewiesen ist.

Porträt eines Mannes (Émile Lejeune)
Verzerrte Gestalt eines Mannes mit länglichem Gesicht und einem winzigen, kaum wahrnehmbaren Mund. Es handelt sich um den Maler

Émile Lejeune, der in Paris und Südfrankreich lebte.

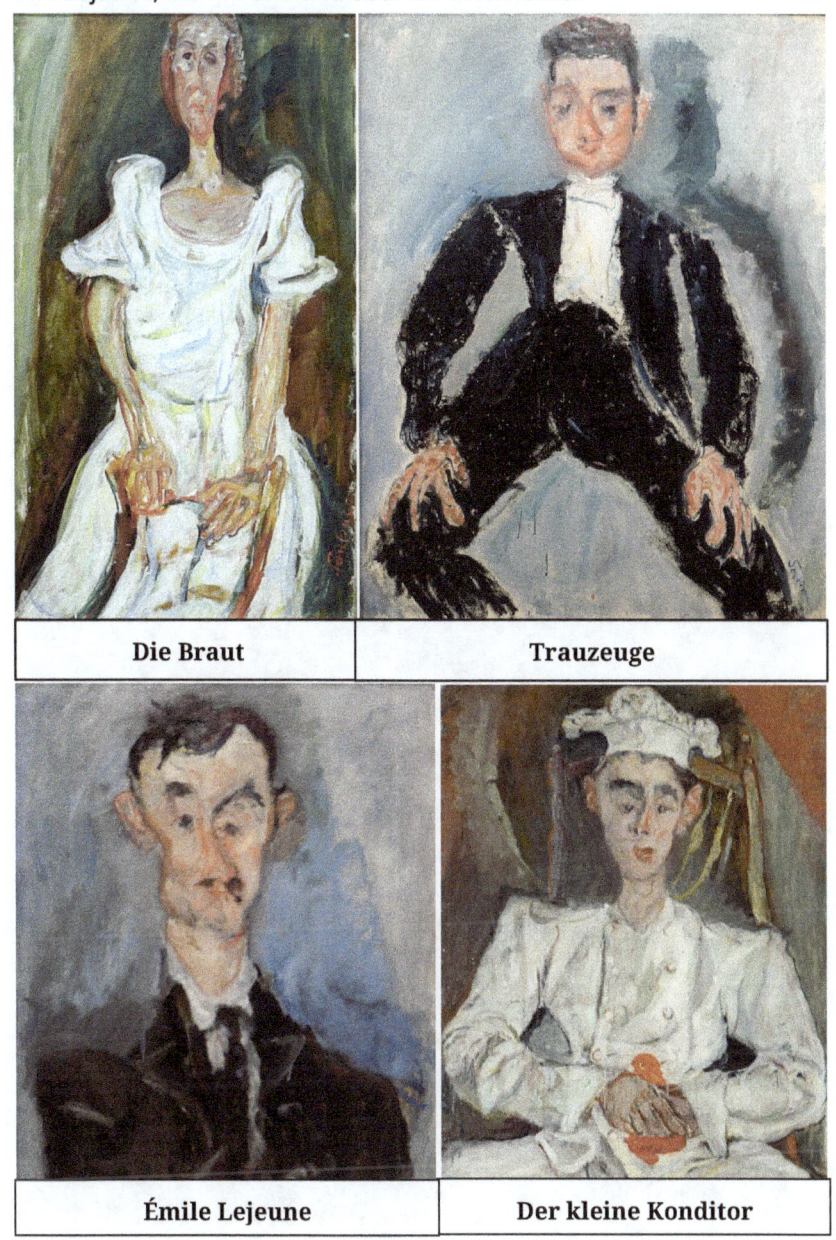

| Die Braut | Trauzeuge |
| Émile Lejeune | Der kleine Konditor |

Der kleine Konditor
(Le Petit Patissie)

Porträt eines Konditors, der mit majestätischer und stattlicher Haltung auf einem Stuhl sitzt. Sein Gesichtsausdruck spiegelt Überraschung und Unschuld wider.

Seine Arme sind lang und unverhältnismäßig. Er hat rote Ohren und ein rotes Taschentuch zwischen seinen Händen, was das Gefühl vermittelt, von Blut gereinigt zu sein.

Dieses Werk hat 6 verschiedene Versionen.

Der große Sammler Guillaime sah dieses Gemälde während einer Ausstellung und es gefiel ihm so gut, dass er ein Förderer des Malers wurde.

Die junge Engländerin
(La Jeune Anglaise)

Porträt einer jungen Frau mit nachdenklichem Blick. Ihr Kleid ist rot und weiß und ihr Haar ist rötlich, die Lieblingsfarben der Künstlerin. Die Figur hebt sich vom helleren Hintergrund ab.

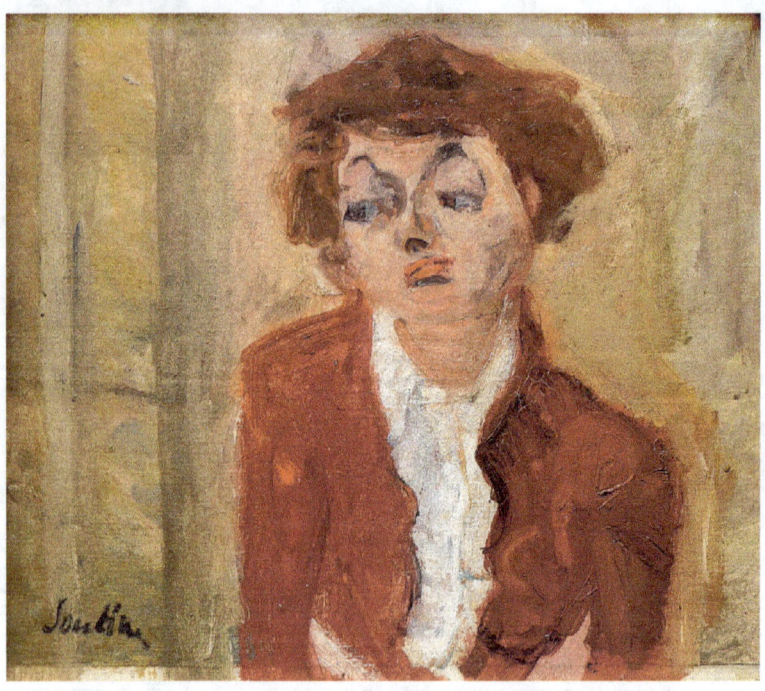

Der Floorboy
(Le Garçon d'étage)
Hier stellt er einen Hotelkellner dar, dessen Hände in die Hüften gestemmt sind. Sein Gesicht mit großer Stirn, kleinem Mund und roten Ohren drückt eine Geste der Wut und Arroganz aus.
Die linke Schulter ist niedriger als die rechte Schulter, was mit der dunklen Farbe des Hintergrunds zu verschmelzen scheint.

Der Chorknabe
(L'enfant de Choeur)
Auf seiner unermüdlichen Suche nach dem Malen mit roten und weißen Farben entdeckt er die Ministranten. Hier porträtiert er einen stilisierten Jungen von unverhältnismäßiger Größe und verängstigtem Gesicht, der sich vor einem schwarzen Hintergrund abhebt.

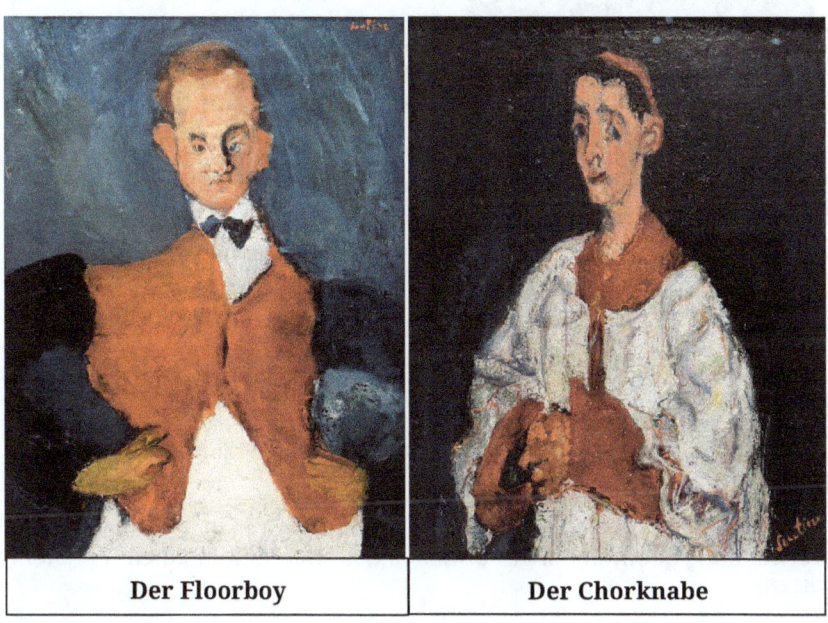

| Der Floorboy | Der Chorknabe |

HENRI MATISSE
(Ebene -2, Raum 8 Kunst in Paris)
Als französischer Maler ist er ein großer Meister im Umgang mit Farbe und Zeichnung.
Er ist neben Pablo Picasso einer der großen Künstler des 20. Jahrhunderts.

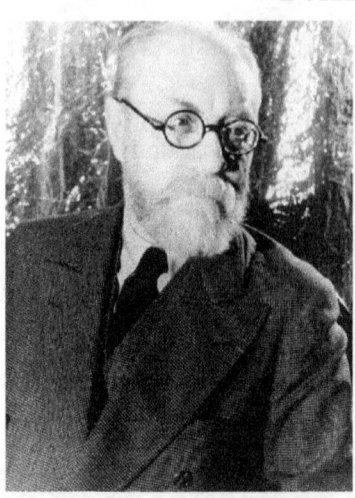

Sein Werk ist von Gauguin und Van Gogh beeinflusst. Er war der Schöpfer eines neuen künstlerischen Stils: des Favismus.

Als Sohn von Gärtnern studierte er Jura, bis er während seiner krankheitsbedingten Genesung mit der Malerei begann und die Schule der Schönen Künste in Paris besuchte. Er begann mit der figurativen Kunst (Der bretonische Weber), schuf dann einige Landschaften im impressionistischen Stil und wurde von Paul Signacs Verwendung von Farben beeinflusst.

Er ist neben André Derain einer der Schöpfer des fauvistischen Stils, der sich durch extreme Einfachheit und einen sinnlichen und scheinbar gewagten Einsatz von Farben auszeichnet (wild, wovon der Name Fauvismus abgeleitet ist), wenn auch in Wirklichkeit sehr methodisch und organisiert. auf der Suche nach Harmonie, Ruhe und spirituellem Frieden. Durch die unterschiedlichen Farbzonen entstehen die Formen der Objekte.

Aus dieser Zeit stechen seine Werke hervor: Luxus, Ruhe und Wollust (Luxe, Calme et Volupté), Offenes Fenster (La fenêtre ouverte), Die Zigeunerin (La Gitane), Frau mit Hut (Femme au chapeau).

Die Verwendung von Farbe erzeugt in seinen Gemälden ein Gefühl von flacher oder zweidimensionaler Form, die jegliche Tiefe beseitigt (Harmonie in Rot, Stillleben mit Auberginen), Orangenkorb (Corbeile d'oranges), Die Irisvase (Le Vase d ' Iris), wobei die Blumen vor dem Spiegel platziert sind.

1916 wurde er vom kubistischen Stil beeinflusst, mit einer Tendenz zur Verwendung geometrischer Formen und größerer Einfachheit (Fenster in Nizza).

Der Einsatz von Farbe wird immer wilder" (der Tanz, die Bluse). Rumänisch...).
Die perfekte Balance zwischen Farbe und Form kann nur mit extremer Einfachheit, sorgfältiger Planung und fernab von Improvisation erreicht werden.
„Meine Kunst sucht Ausgeglichenheit und Ruhe, ohne alles, was den

Geist beunruhigt oder beunruhigt, eine Beruhigung ähnlich einem guten Sessel."

Damit die Farbe ihre größte Kraft und Ausdruckskraft entfalten kann, ist es notwendig, sie von der Sklaverei der Form zu befreien und reine Töne zu verwenden, die den zweidimensionalen Raum und das Fehlen von Tiefe verstärken. Nahezu transparente Pigmente sorgen für Leuchtkraft im Gemälde, ein Beispiel in Auf der Terrasse" (Sur la terrasse).
Der letzte Abschnitt seines Lebens begann mit der Collage (was er Malen mit der Schere" nannte).

Erweiterter drapierter Akt (1923-1924)
(Ebene -2, Raum 11)
(Nu drapé étendu, liegend, nackt mit einem Vorhang)
Der rote Hintergrund dient als Kontrast zum weißen Laken und der weißen Hose.
Die Winkel, die Ellbogen, Kissen und Knie bilden, brechen die abgerundeten und weichen Konturen der Laken und verleihen der Komposition mehr Festigkeit.
An der Seite sind die rosa Flecken zu sehen, die der Stoff hinterlassen hat, der seinen Körper bedeckte.

Frau mit Mandoline (1921-1922)
(Ebene -2, Raum 11)
(Femme à la Mandoline)
Das Modell ist im Atelier des Künstlers in Nizza neben der Meeresallee abgebildet. Sie erscheint am Fenster gelehnt, von dem aus man den Strand und das Meer sehen kann. In ihrer linken Hand hält sie ein Musikinstrument. Sein Schatten spiegelt sich auf der Fensterscheibe.

Frau mit Geige (1921-1923)
(Femme au violon)
Der Gegensatz zwischen den Linien fällt im Gemälde auf. Die Diagonale, die die Figur der Frau bildet, reicht bis zum Boden, mit dem Bogen, den sie in ihrer rechten Hand trägt. Es steht im Gegensatz zu den geraden Zeichnungen ihres Kleides und den geraden Linien des Tisches.
Die Schatten der Tischbeine bilden 3 Diagonalen.
Die leuchtenden Farben fallen ebenso auf wie die geometrischen Motive im Hintergrund.

Die drei Schwestern (1916-1917)
(Les Trois S urs)
Die Ausgewogenheit dieser sorgfältigen Komposition sticht hervor und vermittelt Gelassenheit.
Jede der Frauen befindet sich auf einer anderen Perspektive und trägt

Kleidung in unterschiedlichen Farbtönen.

Frauen auf dem Sofa oder auf dem Diwan (1921)
(Femmes au canapé ou Le Divan)
In einem engen und bedrückenden Raum befinden sich zwei Frauen.
Der auf der Couch Liegende erscheint kaum umrissen und ist mit
dunklen Farben bemalt, um Krankheit und Tod darzustellen. Die Couch
schwebt über dem Boden.
Die andere Frau, die auf dem Stuhl sitzt, ist mit helleren Farben bemalt
und begleitet sie in diesem schlimmen Moment.
Der Boden scheint zu seinen Füßen zu sinken.
Das halboffene Fenster ist der einzige Ausweg aus diesem stressigen
Raum.

Le Boudoir (1921)
Die Komposition des Gemäldes erinnert an das vorherige, aber es ist mit
helleren und sehr fließenden Farben gemalt und die Umgebung ist
freundlicher und einladender. Hier ist die Tochter von Matisse dargestellt,
wie sie in den hinteren Teil des Zimmers blickt, sich gegen das Fenster
lehnt und eine gewisse Melancholie im Gesicht zum Ausdruck bringt.

Odaliske in roten Hosen (1921)
(Odaliske in roten Culottes)
Auf dem Gemälde überrascht der Hintergrund, der wunderschön mit
Blumenmotiven verziert und mit viel Detailreichtum bemalt ist, während
das Gesicht der Frau mit einigen wesentlichen Strichen kaum skizziert
erscheint.
Die Farben sind sehr lebendig und intensiv.

Blaue Odaliske oder Der weiße Sklave (1921-1922)
(Ebene -2, Raum 11)
Odalisque bleue ou L'Esclave blanche
Die Figur der nackten Frau hat als Hintergrund eine arabische
geometrische Verzierung. Die Dekorationen werden zu einem
wesentlichen Bestandteil von Matisses Werken.
Die verdünnte Farbe sticht hervor und verleiht dem Gemälde ein
aquarellartiges Aussehen.

Odaliske in grauen Hosen (1927)
(Odaliske in grauer Culotte)
In diesem Werk dringen die hellen, intensiven Farben und geometrischen
Formen in das Gemälde ein und umgeben den Körper der Frau. Die für
ihre Arbeit charakteristische Intensität der Farbe wird hier auf die Spitze
getrieben.
Die Figur ist in sanfteren Farben bemalt und soll mit den Dekorationen

auf dem grauen Hintergrund und dem grünen Tisch harmonieren.

ANDRÉ DERAIN

Französischer Maler, der dem Fauvismus angehörte. Er hebt die Stärke seines Stils und seinen hohen Detaillierungsgrad hervor. Er wurde vom Kubismus und Primitivismus beeinflusst.

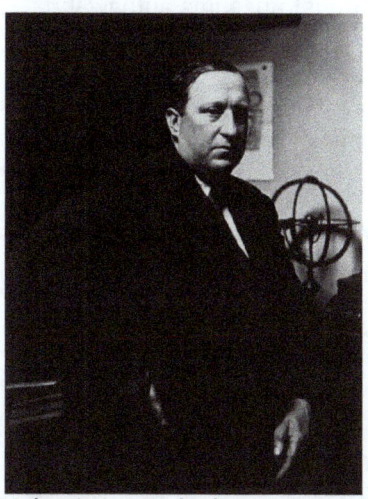

Er war ein Freund von Henri Matisse, den er bei einem seiner Besuche im Louvre kennenlernte und mit dem er verschiedene Ausstellungen veranstaltete. Er lebte mit Pablo Picasso im Viertel Montmartre.

Mit seinen Gemälden der Stadt London erlangte er große Berühmtheit.
Er wurde vom Dichter Apollinaire unterstützt, der ihm seine erste Ausstellung in der Paul Guillaume Gallery ermöglichte.
Später wandte er sich vom Fauvismus ab und begann eine Zeit mit starken Einflüssen von Van Gogh und Cézanne.
Später begann er in Anlehnung an Camille Corot mit der naturalistischen Malerei. Am Ende des Zweiten Weltkriegs wurde ihm Kollaboration mit dem Nationalsozialismus vorgeworfen, weil er während des Zweiten Weltkriegs an einer Ausstellung in Berlin teilgenommen hatte.
In seiner letzten Lebensphase arbeitete er als Theaterdekorateur und Buchillustrator.

Das Goldene Zeitalter
(L'Age d'Or)

Es gehört zum Beginn seiner fauvistischen Phase, obwohl in der Verwendung des Pointillismus noch Merkmale des neoimpressionistischen Stils erkennbar sind.
Die Komposition erinnert an einen zeitlosen, unwirklichen, mythischen Ort.
-In der Mitte des Gemäldes, im Hintergrund, sind zwei Frauen zu sehen, die hektisch tanzen, wobei das Weiß ihrer Kleidung hervorsticht und die Aufmerksamkeit in den Mittelpunkt stellt. Um sie herum ist eine Gruppe nackter Frauen, die spazieren gehen, sich waschen oder ein Sonnenbad nehmen.
Es symbolisiert ewiges Glück, das goldene Zeitalter der Menschheit, in dem es weder Leid noch Schmerz gibt.
-Im Vordergrund sind die Farben dunkel und düster und drei weibliche

Figuren erscheinen.
-Die erste Frau, starr und kalt aussehend, hebt alarmiert die Arme.
-Eine zweite Frau stürmt mit verwirrtem Blick auf sie zu.
-Eine dritte Frau senkt den Kopf, ein Zeichen für ein bevorstehendes und unlösbares Unglück.
-Auf der rechten Seite macht ihnen eine unbekannte Gefahr Angst.
Es wird hier als Leihgabe des Iranischen Kunstmuseums aufbewahrt.

Landschaft der Provence (1930)
(Paysage de Provence)
Diese kleine Stadt im Süden Frankreichs wirkt völlig verlassen und leblos, umgeben von Feldern ohne Vegetation und völlig ausgetrocknet von der starken Sommersonne.
Im Vordergrund betonen einige riesige Felsen und ein dürrer Baum die Trostlosigkeit.
In der Mittelebene stechen die unterschiedlichen Töne der Felder hervor.
Im Hintergrund sind die Konturen der Häuser zu erkennen, die kaum umrissen sind und mit dem kleinen Hügel verschmelzen.
Derain sagte einmal, dass die Art und Weise, wie Himmel und Erde zusammenkommen, Drama oder größtes Glück erschafft.

Landschaft des Südens (1932)
(Paysage du Midi)
Diese Landschaft, freundlicher und lebendiger als die vorherige, repräsentiert eine weitere Stadt im Süden Frankreichs. Im Vordergrund eine Steinbrücke mit ausgetrocknetem Flussbett. Allerdings stechen die Grüntöne hervor und rechts die hohen Bäume mit ihren grünlichen Stämmen.

Die Straße (1932)
(Die Route)
Das Licht umhüllt die Landschaft, ein friedliches und ruhiges Licht, das von der rechten Seite des Betrachters kommt und den Weg beleuchtet, wobei es den Schatten der Bäume und des großen Grüns, die sich auf beiden Seiten des Weges befinden, Form verleiht und den Wanderer willkommen heißt.
Grüne Felder umgeben die kleine Stadt, in der trotz der Entfernung alle Gebäude deutlich zu erkennen sind.
Um dieses Gefühl von Frieden und Harmonie zu erreichen, verwendet der Maler warme Farben.

Der große Baum (1929-1930)
(Ebene -2, Raum 12)
(Le Gros Arbre)
In dieser Arbeit können wir den Einfluss von Cezanne sehen, insbesondere in der Verwendung von Farben. Er bewunderte immer diese

lebendigen Kathedralen, die seiner Meinung nach das große Geheimnis der Natur bergen.

La Gibecière (1913)

Das Gemälde reproduziert ein Stillleben im Barockstil, es gibt jedoch einen großen Unterschied in der Art und Weise, wie die Objekte wiedergegeben werden: Vorhänge, Krug, Glasbecher, deren geometrische Linien an den Kubismus erinnern.
Dabei sticht die Leuchtkraft des Vordergrunds hervor und der dunklere Bereich des Hintergrunds.

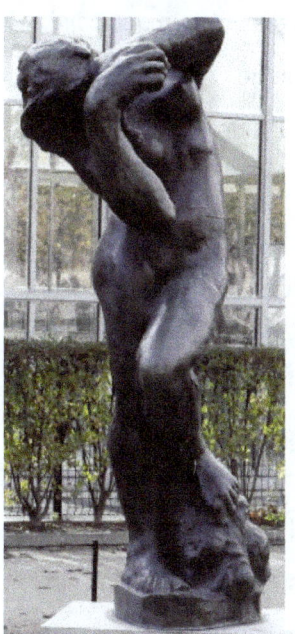

Stillleben mit Korb (1924-1927)
(Ebene -2, Raum 12)
(Nature morte au panier)
Einfache Komposition mit Modernität durch die Verwendung dicker weißer Pinselstriche, um Reflexionen in den Objekten zu erzeugen, und dicker schwarzer Pinselstriche für den Schatten der Konturen.

Stillleben mit einem Glas Wein (1928)
(Nature morte au glasur vin)
Derain setzt hier Farben so ein, dass die Umrisse von Objekten verschwinden.

Der rechte Teil der Komposition wird von Schatten dominiert, während der linke Teil stärker beleuchtet ist.
Die Farbe der Birne ist der der Weintraube entgegengesetzt. Das Stück Brot und das Glas Wein sind die hellsten Gegenstände und werfen ihre Schatten auf den Tisch.

Birnen und Krug (1928)
(Poires et Cruche)
Lange, dicke Pinselstriche prägen diese kleine Komposition, die wie eine Skizze aussieht. So werden beispielsweise die gelben Reflexe auf dem Tisch und dem Henkel der Kanne mit einem einzigen Pinselstrich deutlich sichtbar aufgemalt.

Der Küchentisch (1925)
(Ebene -2, Raum 8 Arts in Paris)
(La Table de Cuisine)
Diese Zusammenstellung von Küchenutensilien auf einem Tisch ist sehr sorgfältig und detailliert. Hervorzuheben ist die Platzierung, bei der die Objekte ein Kreuz bilden. Im Vordergrund stehen diejenigen mit geraden

Linien. Im Hintergrund sind solche mit geschwungenen Linien zu sehen.

Landstillleben (1921)
(Ebene -2, Raum 12)
(Nature morte champêtre)
Diese merkwürdige Komposition symbolisiert die Ankunft des Frühlings: die Sonne, die Blumen, die Lieder der Vögel. Die Objekte scheinen in der Luft zu schweben und sich im Rhythmus der Musik zu bewegen.

Melone und Obst (1927)
(Melon et fruits)
Dieses Gemälde ist voller Farbe und Licht, das die Formen der Objekte schafft. Der Hintergrund ist orange und die Tabelle ist gelb. Auf dem Tisch liegen einige Weinblätter, eine Melone, einige Weintrauben und einige Pfirsiche, Symbole des Frühlings.
Es zeichnet sich durch die Verwendung sehr flüssiger Farbe aus.

Rosen auf schwarzem Hintergrund (1932)
(Roses sur fond noir)
Die Vase, auf der die Blumen stehen, fügt sich harmonisch in den dunklen Hintergrund ein. Auf der rechten Seite befindet sich ein mit Wasser gefüllter Glasbehälter, auf dem eine Blume schwimmt, um der Komposition Kraft zu verleihen.

Rosen in einer Vase (1934)
(Roses dans un vase)
Die Blumen kontrastieren mit dem dunklen Hintergrund.

Akt auf dem Sofa (1929-1930)
(Nu au Canapé)
Der Maler vertritt Raymonde Knaublich, Modell und Partnerin des Malers, mit dem Derain einen Sohn hatte.
Auffallend ist die unbequeme Position, in der sie liegt. Ihre Beine sind mit langen Pinselstrichen bemalt.
Der Kontrast zwischen dem Körper des Models in helleren Tönen und dem dunkelgrünen Hintergrund fällt auf.

Großer liegender Akt (1924-1930)
(Grand nu Couché)
Die Frau liegt mit auf dem Sand ruhendem Arm, mit angespannten Muskeln und nachdenklichem Gesicht. Der Körper ist mit hellen und leuchtenden Tönen bemalt, um einen Kontrast zum Hintergrund zu schaffen. Der Umriss der Figur wird durch schattierte Bereiche verstärkt. Die Landschaft im Hintergrund ist unwirklich, künstlich, auf ein Minimum reduziert, ein blaugrünes Quadrat trifft auf einen klaren blauen Himmel.

Akt mit Krug (1924-1925)
(Nu à la Cruche)
Eine sehr natürlich aussehende nackte Frau sitzt auf einem Felsen. Ihr Kopf ist nach hinten geneigt und ihr Gesicht mit den großen Augen sieht nirgendwo hin und sieht aus wie ein mittelalterliches religiöses Gemälde. Der Wasserbereich auf der rechten Seite scheint sich mit dem Himmel verbinden zu wollen und den zerbrechlichen Berg, der sie trennt, zu beseitigen.

Das schöne Modell (1923)
(Le Beau modèle)
Der sehr dunkle Hintergrund hebt den leuchtenden Körper der Frau mit gräulichen Reflexen hervor, dessen Konturen nicht klar erkennbar sind. Das Model posiert, indem es ihre Haare mit der Hand fallen lässt und dabei Arm und Bein beugt.

Die Tänzerin Sonia (1927-1928)
(La Danseuse Sonia)
Wir können das Porträt der berühmten Tänzerin Sonia Gaskell sehen. Sie legt ihre Hand auf ihren Hals und ihr Gesicht drückt Müdigkeit aus.
Der Maler lernte die Tänzerin kennen, als er Bühnenbilder für das Theater anfertigte.

Die Nichte des Malers (1931)
(La Nièce du peintre)
Geneviève wurde mehrfach von ihrem Onkel porträtiert, bei dem sie lebte und dem sie bei seinen Aufgaben half. Hier können wir sie sehen mit einem seiner Beine auf dem Stuhl und der Fußspitze auf dem Boden, in einer unnatürlichen Pose, blickt er den Betrachter mit seinen großen Augen an, einen Hut und einen Blumenstrauß in der Hand.

Sitzende Nichte des Malers (1932)
(La Nièce du peintre assise)
Die Komposition drückt Ruhe und Harmonie aus. Die Nichte des Malers blickt mit nachdenklichem Gesicht und einer gewissen Unschuld in die Unendlichkeit.
Ihr Kleid ist mit sehr hellen und leuchtenden Farben bemalt, die einen Kontrast zum dunklen Hintergrund bilden. Sie legt eine Hand auf den mit langen Pinselstrichen bemalten Arm, während der andere Arm ebenso wie der Hals mit kürzeren Pinselstrichen bemalt ist.

Porträt von Madame Paul Guillaume mit dem großen Hut (1929-1930)
(Portrait de Madame Paul Guillaume au grand chapeau)
Juliette Lacazze oder Domenica die Teuflische.
Malerei im naturalistischen Stil. Eine kraftvolle Leuchtkraft geht vom Kleid und Körper dieser Frau aus. Ihr Blick ist rätselhaft und hochmütig und ihre Haltung ist elegant. Im Hintergrund erscheint das Gemälde

Harlekin und Pierrot.
Domenica hängte ihr Porträt im Schlafzimmer auf, wie es ihr Ehemann Paul Guillaume zum Ausdruck brachte.

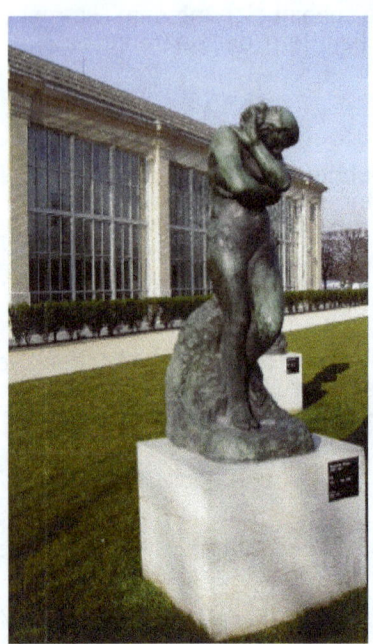

Porträt von Paul Guillaume (1919)
(Portrait de Paul Guillaume)
Dieses Gemälde wurde als Geschäftsmann und Beschützer von Künstlern gemalt.
Er erscheint hier mit leuchtendem Gesicht. Er hat einen verlorenen Blick und ist in seine Gedanken versunken. In einer Hand hält er eine Zigarette und seinen Arm ruht auf einem Buch. Der Hintergrund ist ätherisch.

Harlekin und Pierrot (1924)
(Ebene -2, Raum 8 Kunst in Paris)
Arlequin et Pierrot
Gemälde auf Wunsch von Paul Guillaume, dem Förderer des Malers. Dargestellt sind die beiden Theaterfiguren der italienischen Komödie: Harlekin mit seinem Dreispitz und Pierrot mit seinem weißen Kittel, tanzend und Gitarre spielend. Sein Gesicht ist ernst und etwas Trauriges. Der Maler hat Paul Guillaume selbst in Pierrot porträtiert.

Harlekin auf der Gitarre (1924)
(Ebene -2, Raum 8 Künste in Paris)
(Arlequin à la Guitare)
Die Figur legt die Gitarre auf sein linkes Bein. Sein kaltes und distanziertes Gesicht sieht nirgendwo hin. Es scheint, dass er mit dem Tanzen beginnen möchte.
Der Landschaftshintergrund ist unwirklich und zeitlos.

Der Schwarze mit der Mandoline (1930)
(Le Noir à la Mandoline)
Auf einem sehr hellen und leeren Hintergrund die Figur eines Musikers in einem weißen Hemd, der eine Mandoline spielt. Die Komposition zeichnet sich durch die starken Farbkontraste aus, die wir im Hemd, in den Armen und Händen des Musikers sowie im Musikinstrument sehen können.

PICASSO

In seiner ersten Phase (blaue Periode) wurden seine Werke von Toulouse-Lautrec und El Greco sowie in geringerem Maße von Van Gogh und Gauguin beeinflusst.

Er war ein Freund des Schriftstellers André Breton und des surrealistischen Dichters Guillaume Apollinaire. Letzterer machte Picasso für den Diebstahl der Mona Lisa im Jahr 1911 verantwortlich. Schließlich wurden beide für unschuldig erklärt.

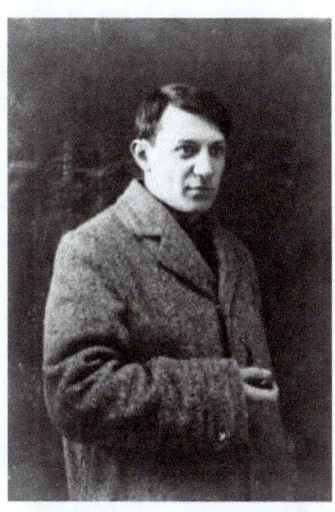

-Auf der blauen oder melancholischen Bühne erscheinen die Figuren der Zirkusartisten in einer zeitlosen Umgebung. Es werden ausschließlich Blautöne verwendet.

-In der rosa Phase oder der existenziellen Freude fallen die Weichheit der Linien, die länglichen Figuren und die Verwendung sehr sanfter Farben auf.

- Dem Rat Derains folgend, konzentrierte er sich auf afrikanische und polynesische Kunst (Primitivismus). Die Farben sind voller Licht.

Picasso und Matisse waren Rivalen und Freunde. Matisse sagte einmal, dass niemand sein Werk so betrachtet habe wie Picasso, und niemand habe Picassos Werk so betrachtet wie er.

- Im kubistischen Stadium werden Formen geometrisch, sie werden gebrochen und in verschiedenen übereinanderliegenden Ebenen rekonstruiert.

Dem Gemälde wird eine neue Tiefe verliehen, ohne dass die traditionelle Perspektive verwendet werden muss. Der Einsatz von Licht betont die Konturen.

In der zweiten kubistischen Phase werden reale Formen auseinandergerissen, nicht um sie zu rekonstruieren, sondern um eine andere Realität zu schaffen.

- Auf seiner unermüdlichen Reise zur Erkundung der Welt der Kunst schuf Picasso neoklassizistische Skulpturen, die Frauen und Kinder darstellen. Ein Beispiel sind seine Drei Frauen am Brunnen, die wir in diesem Museum sehen können.

Frau mit weißem Hut (1921)
(Ebene -2, Raum 8 Kunst in Paris)
Femme au chapeau blanc
Picasso porträtiert hier seine erste Frau in nachdenklicher Haltung, den Arm auf dem Stuhl ruhend.
Die Arme und Hände sind unverhältnismäßig dick.
Helle Töne dominieren das gesamte Gemälde.

Die Umarmung (1903)
(L'Étreinte)
Es gehört zu Picassos blauer oder melancholischer Periode. Ein nackter Mann und eine Frau umarmen sich. Sie legen ihre Köpfe einander auf die Schultern. Wir können ihre Gesichter nicht sehen. Die Frau ist schwanger.

Die Jugendlichen (1906)
(Les Adolescents)
Es gehört zu seiner rosa Bühne, die ihn zum Neoklassizismus führen wird. Zwei sehr stilisierte junge Akte mit kaum Details. Die gesamte Komposition hat eine einzige Farbe.

Frauen am Brunnen (1921)
(Femmes à la fontaine)
Mit diesem Werk begann Picasso seine neoklassizistische Periode, die von Rosatönen geprägt war. Wir können hier die Skizze des Gemäldes sehen, die im MOMA Museum in New York aufbewahrt wird.
Die drei robust wirkenden Frauen tragen Kleidung aus der klassischen Antike.

Großer Akt im Vorhang (1923)
(Grand nu à la draperie)
Hier experimentiert Picasso mit dem neoklassizistischen Stil und verleiht ihm seine persönliche Note. Die weibliche Figur, robust und felsig im Aussehen, hat eine riesige Hand und geschlossene Augen. Die rosa Farbe überwiegt.

Großer Badegast (1921)
(Ebene -2, Raum 8 Kunst in Paris)
(Grande baigneuse)
Es gehört zum neoklassizistischen oder figurativen Stil, den der Maler als „Rückkehr zur Ordnung" bezeichnete. Die Robustheit und Schwere der weiblichen Figur von gigantischen Ausmaßen folgt den klassischen Regeln, um sie zu überwinden und zu rekonstruieren.

Frau mit Kamm (1906)
(Femme au peigne)
Gemalt vor Nu sur Fond Rouge. Hier weicht der scheinbare Realismus einem neuen Stil. Die große Größe des Kopfes, die Vereinfachung der Gesichtszüge, der Brüste und des Schambeins sowie die übertriebene Neigung des Körpers.

Akt auf rotem Grund (1906)
(Nu sur fond rouge)
Es wurde nach Femme au comb (Frau mit Kamm) und vor Les Demoiselles d'Avignon gemalt. Es handelt sich um eines der Vorläufergemälde seiner kubistischen Periode. Diese Merkmale zeigen sich in der geometrischen Vereinfachung des Frauenkörpers, der Verzerrung des Arms und den leeren Augäpfeln.

Frau mit Tamburin (1925)
(Ebene -2, Raum 8 Künste in Paris)
(Femme au tambourin)
Picasso kehrt zum Kubismus zurück und schafft verschiedene Ebenen im gleichen Raum, um die Form der Figur aufzubrechen.

Großes Stillleben (1918)
(Grande nature morte)
Dies war das einzige Gemälde im kubistischen Stil, das von Paul Guillaumes Witwe aufbewahrt wurde.
Die typischen Objekte eines einfachen Stilllebens werden aus verschiedenen Perspektiven dargestellt, wobei sich die Ebenen überlagern.

Komposition: Bauern (1906)
(Composition : Paysans)
Skizze mit zwei sehr stilisierten Figuren und darüber einigen Blumen. Es dominieren schnelle, kurze Pinselstriche. Auch im Gesicht der jungen Frau finden sich charakteristische Elemente der Blauperiode.

MAURICE UTRILLO
Französischer Maler, der der Pariser Schule zuzuordnen ist, zu der Modigliani und Marc Chagall gehörten, beeinflusst von verschiedenen künstlerischen Strömungen und seinem eigenen Stil.

Sohn der Modellmalerin Suzanne Valadon, einem Renoir-Modell. Von seinen Eltern lernte er, ein exzentrisches, müßiges und unordentliches Leben zu führen.

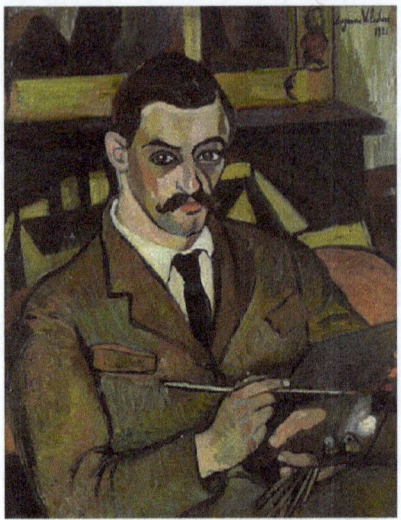

Sein Stil war realistisch mit einem gewagteren Einsatz von Formen und Farben. Er malte ländliche Landschaften und verschiedene Gegenden von Paris: Kathedrale Notre-Dame, Kathedrale von Orleans, Kirchen von Montmartre, in Paris, Herrenhäuser wie das von Berlioz sowie Regierungsgebäude.

Er war ein Freund von Modigliani und Chaïm Soutine und lehnte das Umfeld von Matisse und Picasso ab. Zu seinen Lebzeiten wurde all seine Arbeit kaum geschätzt und er konnte kaum leben.

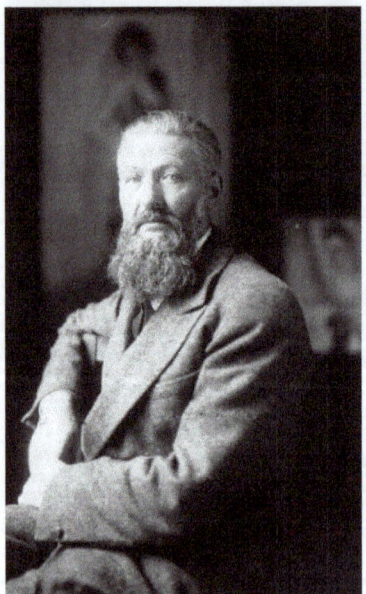

KEES VAN DONGEN

Niederländischer Maler, der neben Matisse und Derain dem deutschen Expressionismus und Fauvismus angehörte
Sein Vater war ein Fabrikant aus Genf. Er studierte Malerei in Rotterdam, wo er ein müßiges und unordentliches Leben führte und das Nachtleben und die Bordelle besuchte. In seinen Gemälden porträtierte er Seeleute und Hafenprostituierte.

Er arbeitete auch als Illustrator und berühmter Porträtist reicher Geschäftsleute. Bekannt sind seine rauschenden Partys, bei denen er dank seiner überwältigenden Persönlichkeit leicht neue Kunden gewinnen konnte. 1941 erklärte er sich bereit, mit André Derain und anderen Malern an einer vom Nationalsozialismus organisierten Ausstellung teilzunehmen. Obwohl ihm Kollaboration vorgeworfen werden konnte, wurde er nie denunziert.

Sein Stil zeichnet sich durch intensive Farben aus.

MARIE LAURENCIN

Französischer Maler einfacher Formen, die dem kubistischen und nymphistischen Stil ähneln. Sie gehörte zur Gruppe Puteaux (Section d'Or).

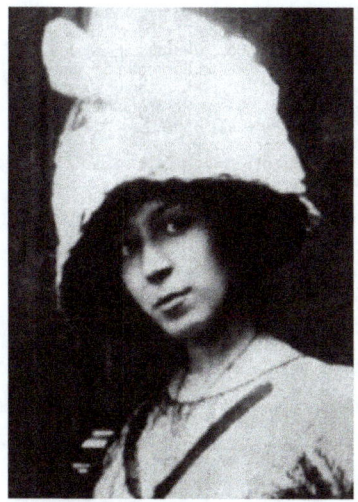

Sie war die uneheliche Tochter eines republikanischen Abgeordneten und begann als Malerin in der bekannten Porzellanfabrik Sèvres zu arbeiten.
In Paris lernte sie Georges Braque, einen der Väter des Kubismus, sowie Picasso und Apollinaire kennen, mit denen sie eine romantische Beziehung hatte.
Sein Stil begann mit dem Fauvismus und dem Kubismus, wobei er sanfte Grau- und Rosatöne verwendete und sehr einfache Kompositionen mit weiblichen Figuren darstellte, die in einer zeitlosen Umgebung zu fliegen oder zu schweben scheinen.
Nach ihrer Scheidung begann sie, viel dunklere Töne zu tragen.
Sie war die erste Frau, die 1912 eine Einzelausstellung mit all ihren Werken veranstaltete. Ihr künstlerischer Vertreter war der bekannte Dichter Apollinaire.

Als renommierte Illustratorin schuf sie die schönsten Illustrationen für das Buch, Alice im Wunderland" von Lewis Carroll. Sie war Kostümbildnerin für die wichtigsten Theater in Paris.
Er porträtierte Helena Rubinstein und die Designerin Coco Chanel.

Danksagungen
https://upload.wikimedia.org/wikipedia/commons/thumb/e/e5/Kees_van_Dongen_1923.jpg/Bibliothèque nationale de France Author Agence de presse Meurisse
https://commons.m.wikimedia.org/wiki/File:Maurice_Utrillo,_par_Suzanne_Valadon.jpg
https://upload.wikimedia.org/wikipedia/commons/thumb/7/7c Ricostruzione_dell'interno_di_rue_du_cirque_3_dove_abitò_domenica_walter%2C_vedova_di_paul_guillaume.JPG/Sailko
http://ro.wikipedia.org/ wiki/Fi %C8%99ier:Utrillo01.jpg
https://upload.wikimedia.org/wikipedia/commons/b/b8/Portrait_de_Picasso%2C_1908.jpgPhoto(C) RMN-Grand Palais
https://upload.wikimedia.org/wikipedia/commons/thumb/9/9a/Soutine-2014-18.jpg/Photographie numérique
https://upload.wikimedia.org/wikipedia/commons/thumb/c/c8/Chaïm_soutine%2C_la_fidanzata%2C_1923_ca.J PG/Sailko
https://upload.wikimedia.org/wikipedia/commons/thumb/b/bb/Chaïm_soutine%2C_gladioli%2C_1919_ca..JPG/ Sailko
https://upload.wikimedia.org/wikipedia/commons/thumb/0/00/Gauguin_paysage_1901.jpg/Siren-Com
https://upload.wikimedia.org/wikipedia/commons/thumb/5/51/Paul_Cézanne_-_Le_Déjeuner_sur_l'herbe_(Oran

gerie).jpg/https://www.cezannecatalogue.com/catalogue/entry.php?id=944
https://fr.m.wikipedia.org/wiki/Fichier:Pierre-Auguste_Renoir_-_Gabrielle_au_jardin.jpg
Renoir Source / photographe Source inconnue
https://upload.wikimedia.org/wikipedia/commons/thumb/c/c2/Chaïm_Soutine_-_Le_Petit_Pâtissier.jpg/http://www.musee-orangerie.fr/
https://upload.wikimedia.org/wikipedia/commons/thumb/b/b8/Soutine-2014-13.jpg/Photographie numérique
https://upload.wikimedia.org/wikipedia/commons/thumb/8/89/Soutine-2014-04.jpg/Photographie numérique
https://upload.wikimedia.org/wikipedia/commons/thumb/d/de/Soutine-2014-17.jpg/Photographie numérique
https://upload.wikimedia.org/wikipedia/commons/thumb/0/0c/Paul_cézanne%2C_madame_cézanne_in_giardino%2C_1879-80.JPG/Sailko
https://upload.wikimedia.org/wikipedia/commons/thumb/5/5d/Soutine-2014-01.jpg/Photographie numérlque
https://upload.wikimedia.org/wikipedia/commons/thumb/9/99/Soutine-2014-11.jpg/Photographie numérique
https://upload.wikimedia.org/wikipedia/commons/thumb/a/a2/Soutine-2014-06.jpg/Photographie numérique
https://upload.wikimedia.org/wikipedia/commons/thumb/0/04/Soutine-2014-09.jpg/Photographie numérique
https://upload.wikimedia.org/wikipedia/commons/thumb/5/56/Soutine-2014-07.jpg/Photographie numérique
https://upload.wikimedia.org/wikipedia/commons/thumb/1/15/Soutine-2014-08.jpg/Photographie numérique
https://upload.wikimedia.org/wikipedia/commons/thumb/8/8e/Paul_Cézanne_-_Portrait_of_Madame_Cézanne_-_Google_Art_Project.jpg/YgGTzo7pRWiPlg at Google Cultural Institute maximum zoom level
https://upload.wikimedia.org/wikipedia/commons/thumb/2/2e/Paul_Cézanne_-_Straw-Trimmed_Vase%2C_Sugar_Bowl_and_Apples_-_Google_Art_Project.jpg/kwEpEFvxnyne9A
at Google Cultural Institute maximum zoom level
https://upload.wikimedia.org/wikipedia/commons/thumb/f/f6/Paul_Cezanne_Fruits_serviette_et_boîte_à_lait_(1880-1881)_RF_1960-10.jpg/xiquinhosilva from Cacau
https://upload.wikimedia.org/wikipedia/commons/thumb/f/f7/Nature_morte_aux_pommes_et_pâtisseries%2C_par_Paul_Cézanne.jpg/The Yorck Project (2002) 10.000
Meisterwerke der Malerei (DVD-ROM), distributed by DIRECTMEDIA Publishing GmbH. ISBN : 3936122202 .
https://upload.wikimedia.org/wikipedia/commons/thumb/7/72/Paul_cézanne%2C_barca_e_bagnanti%2C_1890_ca._03.JPG/Sailko
https://commons.m.wikimedia.org/wiki/File:Paul_cézanne,_barca_e_bagnanti,_1890_ca._01.JPGSailko
https://upload.wikimedia.org/wikipedia/commons/thumb/5/57/Flowers_in_a_Blue_Vase_by_Paul_Cézanne%2C_1880.JPG/Joconde: 00000089428
https://upload.wikimedia.org/wikipedia/commons/thumb/3/39/Paul_cézanne%2C_paesaggio_con_tetti_rossi_(il_pino_a_l'estaque)%2C_1875-76%2C_02.JPG/Sailko
https://upload.wikimedia.org/wikipedia/commons/thumb/3/3c/Portrait_du_fils_de_l'artiste%2C_par_Paul_Cézanne%2C_IMG_2125.jpg/Deroravi
https://upload.wikimedia.org/wikipedia/commons/thumb/9/96/Paul_Cézanne_-_The_Red_Rock_-_Google_Art_Project.jpg/5QH9Zae_lPTZzA at Google Cultural Institute
https://upload.wikimedia.org/wikipedia/commons/thumb/7/75/Paul_Cézanne_-_Fleurs_et_fruits_(Orangerie).jpg/https://www.cezannecatalogue.com/catalogue/entry.php?id=461
https://upload.wikimedia.org/wikipedia/commons/thumb/e/e4/Paul_cézanne%2C_ritratto_della_figlia_dell'artista%2C_1881-82.JPG/Sailko
https://upload.wikimedia.org/wikipedia/commons/thumb/e/ef/Nature_morte%2C_poire_et_pommes_vertes.JPG/Miguel Hermoso Cuesta
https://upload.wikimedia.org/wikipedia/commons/thumb/9/9a/Le_Jour_ni_l'Heure_7643_%2C_Paul_Cézanne%2C_1839-1906%2C_La_Barque_et_les_baigneurs%2C_c._1890%2C_dét.%2C_Paris%2C_musée_de_l'Orangerie%2C_dimanche_5_mai_2019%2C_15-09-34_-_Flickr_-_Renaud_Camus.jpg/Renaud Camus from Plieux, France
https://upload.wikimedia.org/wikipedia/commons/thumb/4/48/Paul_Cézanne_-_Arbres_et_maisons.jpg/https://www.cezannecatalogue.com/catalogue/entry.php?id=536
https://upload.wikimedia.org/wikipedia/commons/thumb/4/48/Sisley_Orangerie_02.jpg/Miguel Hermoso Cuesta
https://upload.wikimedia.org/wikipedia/commons/thumb/b/b1/Amedeo_Modigliani_-_The_Young_Apprentice_-_Google_Art_Project.jpg/xwHqOD6ZKWvxCA at Google Cultural Institute
https://upload.wikimedia.org/wikipedia/commons/thumb/4/46/Amedeo_Modigliani_-_Paul_Guillaume%2C_Novo_Pilota_-_Google_Art_Project.jpg/Joconde: 00000089486Source/Photographer egGdt6G4tsL9nQ at Google Cultural Institute
https://upload.wikimedia.org/wikipedia/commons/thumb/a/a2/Amedeo_Modigliani_-_Fille_rousse.jpg/Unknown source
https://upload.wikimedia.org/wikipedia/commons/9/9a/Amedeo_Modigliani_-_Femme_au_ruban_de_velours.jpg Unknown source
https://commons.m.wikimedia.org/wiki/File:Amedeo_Modigliani_-_Antonia.jpgUnknown source
https://upload.wikimedia.org/wikipedia/commons/thumb/5/56/Soutine-2014-07.jpg/Joconde: 00000089548 Source/Photographer Photographie numérique
https://upload.wikimedia.org/wikipedia/commons/thumb/5/5e/Soutine-2014-10.jpg/1024px-Soutine-2014-10.jpg Q21853449 Joconde: 00000089538 Photographie numérique
https://upload.wikimedia.org/wikipedia/commons/thumb/7/7c/Soutine-2014-05.jpg/Q21856344 Joconde: 00000089545 Photographie numérique
https://upload.wikimedia.org/wikipedia/commons/thumb/0/0e/Pommes_et_biscuits_(P._Cézanne%2C_Musée_de_lOrangerie)_(4612845938).jpg/Pommes et biscuits (P.

Cézanne,Musée del'Orangerie) Autor dalbera from Paris, France
https://upload.wikimedia.org/wikipedia/commons/thumb/e/eb/Le_pin_à_l'Estaque_(P._Cézanne%2C_Musée_de
_l'Orangerie).jpg/Q22337856 Joconde: 00000089427
Origen/Fotògraf Flickr : Le pin à l'Estaque (P. Cézanne, Musée de l'Orangerie)
https://fr.m.wikipedia.org/wiki/Fichier:Paul_Cézanne_-_Dans_le_parc_de_Château_Noir.jpgQ22337828 Joconde:
00000089439
https://upload.wikimedia.org/wikipedia/commons/thumb/4/4a/Soutine-2014-16.jpg/Q21856351 Joconde:
00000089554 Photographie numérique
https://upload.wikimedia.org/wikipedia/commons/thumb/8/83/Soutine-2014-03.jpg/Q21856353Joconde: 0000
0089543 Photographie numérique
https://upload.wikimedia.org/wikipedia/commons/thumb/5/59/Soutine-2014-12.jpg/Q21856367 Joconde:
00000089558 Photographie numérique
https://upload.wikimedia.org/wikipedia/commons/thumb/e/ea/Soutine%2C_La_Table%2C_c._1919.jpg/http://
www.musee- orangerie.fr/fr/oeuvre/la-tableSource/Own work
https://upload.wikimedia.org/wikipedia/commons/thumb/f/f1/Soutine-2014-02.jpg/Q21856371Joconde: 00000
089556 Photographie numérique
https://upload.wikimedia.org/wikipedia/commons/thumb/8/84/Soutine-2014-14.jpg/Q21856387 Joconde:
00000089542 Photographie numérique
https://upload.wikimedia.org/wikipedia/commons/thumb/2/2a/Claude_Monet_-_The_Water_Lilies_-_The_Cloud
s_-_Google_Art_Project.jpg/YQEt9_UVgiL-Og at Google Cultural
Institute
https://upload.wikimedia.org/wikipedia/commons/thumb/c/ce/Claude_Monet_(musée_de_lOrangerie%2C_Paris)
_(8231007934).jpg/Jean-Pierre Dalbéra from Paris, France
https://upload.wikimedia.org/wikipedia/commons/thumb/2/26/Claude_Monet_-_The_Water_Lilies_-_Clear_Morn
ing_with_Willows_-_Google_Art_Project.jpg/Q28797618 Joconde: 000PE003982 Source/7QHpOuLSwKTH8A at
Google Cultural Institute
https://upload.wikimedia.org/wikipedia/commons/thumb/7/7e/Claude_Monet_-_The_Water_Lilies_-_Green_Refl
ections_-_Google_Art_Project.jpg/wEwoHEvFukepQ at Google Cultural Institute
https://upload.wikimedia.org/wikipedia/commons/thumb/f/fc/Claude_Monet_-_The_Water_Lilies_-_Morning_-_G
oogle_Art_Project.jpg/IAHgEdqp703amQ at Google Cultural Institute
https://upload.wikimedia.org/wikipedia/commons/thumb/6/66/Claude_Monet_-_The_Water_Lilies_-_Setting_Su
n_-_Google_Art_Project.jpg/qAG-qyFHUPm1kg at Google Cultural Institute
https://upload.wikimedia.org/wikipedia/commons/a2/Claude_Monet_-_The_Water_Lilies_-_The_Two_Willows_
-_Google_Art_Project.jpg3AEQUJnQ8YnB_A at Google Cultural Institute
https://upload.wikimedia.org/wikipedia/commons/thumb/7/71/Henri_Rousseau%2C_dit_le_Douanier_-_The_We
dding_Party_-_Google_Art_Project.jpg/eAGtJRGu8YRJiAat Google Cultural Institute
https://upload.wikimedia.org/wikipedia/commons/thumb/a/a8/Henri_rousseau_il_doganiere%2C_la_nave_nella
_tempesta%2C_1899_ca._02.JPG/Sailko
https://upload.wikimedia.org/wikipedia/commons/thumb/a/af/Françoise_Foliot_-_Henri_Rousseau_-_Pêcheurs_
à_la_ligne.jpg/Françoise Foliot
https://upload.wikimedia.org/wikipedia/commons/thumb/1/16/Françoise_Foliot_-_Henri_Rousseau_-_La_Fabriq
ue_de_chaises_à_Alfortville.jpg/Françoise Foliot
https://commons.m.wikimedia.org/wiki/File:Henri-Julien_Félix_Rousseau_-_La_Carriole_du_Père_Junier.jpgQ21
849420 Joconde: 00000089535 Henri Rousseau
https://upload.wikimedia.org/wikipedia/commons/thumb/5/5e/Rousseau_L'Enfant_à_la_poupée_Orangerie_RF1
963-29.jpg/Joconde: 00000089533 User:Bibi Saint-Pol.
https://commons.m.wikimedia.org/wiki/File:Henri-Julien_Félix_Rousseau_-_La_Fabrique_de_chaises.jpgQ60300
695 Joconde: 00000089529
https://upload.wikimedia.org/wikipedia/commons/thumb/c/c6/Françoise_Foliot_-_Henri_Rousseau_-_La_Falais
e.jpg/Françoise Foliot
https://upload.wikimedia.org/wikipedia/commons/thumb/e/ee/Rousseau_-_Promeneurs_dans_un_parc%2C_ent
re_1900_et_1910%2C_RF_1963_30.jpg/https://www.musee-orangerie.fr/fr/collections/recherche?search=Rouss
eau+&sort_by=search_api_relevance&items_per_page=15&search_type=simple_search&display_type=grid
https://upload.wikimedia.org/wikipedia/commons/thumb/0/00/Gauguin_paysage_1901.jpg/ Siren-Com
https://commons.m.wikimedia.org/wiki/File:Pierre-Auguste_Renoir_-_Femme_accoudée.jpgQ3713905
Joconde: 00000089526 Pierre-Auguste Renoir
https://commons.m.wikimedia.org/wiki/File:Pierre-Auguste_Renoir_-_Femme_nue_couchée_(Gabrielle).jpgQ374
2370 Joconde: 00000089519 Pierre-Auguste Renoir
https://upload.wikimedia.org/wikipedia/commons/thumb/6/6f/Femme_Nue_dans_un_Paysage%2C_by_Pierre-A
uguste_Renoir%2C_from_C2RMF_cropped.jpg/File:Femme
Nue dans un Paysage, by Pierre- Auguste Renoir, from C2RMF.jpg C2RMF: Galerie de tableaux en très haute
définition
https://upload.wikimedia.org/wikipedia/commons/thumb/e/e5/Gabrielle_et_Jean%2C_by_Pierre-Auguste_Renoi
r%2C_from_C2RMF_cropped.jpg/Gabrielle et Jean, by Pierre-Auguste Renoir, from C2RMF.jpg , originally C2RMF:
Galerie de tableaux en très haute définition
https://upload.wikimedia.org/wikipedia/commons/thumb/0/06/Auguste_Renoir_-_Claude_Renoir_in_Clown_Cos
tume_-_Google_Art_Project.jpg/Q3793475 Joconde: 00000089522 Photographer YAGrVhWmRjsc9A at Google
Cultural Institute

https://upload.wikimedia.org/wikipedia/commons/5/53/Pierre-Auguste_Renoir_-_Yvonne_et_Christine_Lerolle_a
u_piano.jpgQ4023318 Joconde: 00000089515 Photographer
http://www.renoirgallery.com/painting.asp?id=212
https://upload.wikimedia.org/wikipedia/commons/thumb/1/14/Auguste_Renoir_(musée_de_lOrangerie%2C_Par
is)_(8264090415).jpg/Jean-Pierre Dalbéra
https://upload.wikimedia.org/wikipedia/commons/thumb/1/10/Auguste_Renoir_-_Snow-covered_Landscape_-_
Google_Art_Project.jpg/Q20643496 Joconde: 00000089513
Photographer GgHofvuPkA8VpA at Google Cultural Institute
https://upload.wikimedia.org/wikipedia/commons/4/48/Pierre-Auguste_Renoir_-_Baigneuse_aux_cheve
ux_longs_(1).jpg/Q21730632 Joconde: 00000089505 Renoir, peintre du bonheur : 1841-1919, de Gilles Néret,
Köln, Taschen, 2001, p. 328. ISBN 9783822857410
https://upload.wikimedia.org/wikipedia/commons/thumb/b/be/Pierre-Auguste_Renoir_-_Coco_jouant.jpg/Q217
30711 Joconde: 00000089520 Photographer Renoir, peintre du bonheur : 1841-1919, de Gilles Néret, Köln,
Taschen, 2001, p. 380.ISBN 9783822857410
https://commons.m.wikimedia.org/wiki/File:Pierre-Auguste_Renoir_-_Femme_à_la_lettre.jpgQ21730716
Joconde: 00000089509Photographer Unknown
https://upload.wikimedia.org/wikipedia/commons/thumb/3/30/Fleurs_dans_un_vase_Renoir_01.JPG/Miguel
Hermoso Cuesta
https://upload.wikimedia.org/wikipedia/commons/thumb/7/75/Pierre-Auguste_Renoir_-_Blonde_à_la_rose_-_c._
1915-17.jpg/Q21730762 Joconde: 00000089524 Book scan
https://upload.wikimedia.org/wikipedia/commons/thumb/0/0a/Pierre-Auguste_Renoir_IMG_2118.JPG/Deroravi
https://commons.m.wikimedia.org/wiki/File:Pierre-Auguste_Renoir_-_Bouquet_dans_une_loge.jpgQ21730823
Joconde: 00000089512 Unknown source
https://commons.m.wikimedia.org/wiki/File:Pierre-Auguste_Renoir_-_Bouquet_de_tulipes.jpgQ21730824
Joconde: 00000089521Pierre-Auguste Renoir
https://upload.wikimedia.org/wikipedia/commons/thumb/4/40/Pierre-Auguste_Renoir_-_Deux_fillettes.jpg/Q21
730829 Joconde: 00000089508 Renoir : sa vie, son œuvre, de Francesca Castellani (trad. Marie-Christine
Gamberini), Paris, Gründ, 1996, p. 197.ISBN 9782700020687
https://upload.wikimedia.org/wikipedia/commons/thumb/f/ff/Pierre-auguste_renoir%2C_pesche%2C_1881-82_
ca._02.JPG/Sailko
https://upload.wikimedia.org/wikipedia/commons/thumb/c/c7/Auguste_Renoir_Portrait_d'un_jeune_homme_et
_d'une_jeune_fille_(vers_1875-1880)_RF_1963-24.jpg/xiquinhosilva from Cacau
https://upload.wikimedia.org/wikipedia/commons/thumb/b/be/Bouquet_Renoir_01.JPG/Miguel Hermoso
Cuesta
https://upload.wikimedia.org/wikipedia/commons/thumb/4/41/Renoir_jeunes_filles_au_piano_vers_1892.jpg/O
wn work Author Siren-Com
https://upload.wikimedia.org/wikipedia/commons/thumb/0/0b/Paul_gauguin%2C_paesaggio%2C_1901%2C_02.
JPG/Sailko
https://upload.wikimedia.org/wikipedia/commons/thumb/1/19/Chaïm_soutine%2C_bue_e_testa_di_vitello%2C_
1923_ca..JPG/Sailko
https://upload.wikimedia.org/wikipedia/commons/thumb/f/fc/Soutine-2014-15.jpg/Photographie numérique
https://upload.wikimedia.org/wikipedia/commons/thumb/f/fc/Maurice_Utrillo_La_Mairie_au_drapeau_(1924)_R
F_1960-53.jpg/xiquinhosilva from Cacau
https://upload.wikimedia.org/wikipedia/commons/thumb/8/87/Paysages_de_Sisley%2C_Pissarro_et_Monet_en
_1872_(Musée_de_l'Orangerie%2C_Paris)_-_Flickr_-_dalbera.png/Jean-Pierre Dalbéra
https://upload.wikimedia.org/wikipedia/commons/thumb/6/65/Sisley_Orangerie_01.JPG/Miguel Hermoso
Cuesta
https://commons.m.wikimedia.org/wiki/File:Paul_guillaume,_il_dittatore,_1929.JPGSailko
https://upload.wikimedia.org/wikipedia/commons/thumb/0/05/Claude_Monet_038.jpg
https://upload.wikimedia.org/wikipedia/commons/thumb/5/51/Paul_Cézanne_-_Le_Déjeuner_sur_l'herbe_(Oran
gerie).jpg/https://www.cezannecatalogue.com/catalogue/entry.php?id=944
https://upload.wikimedia.org/wikipedia/commons/thumb/0/05/Claude_Monet_038.jpg/The Yorck Project (2002)
10.000 Meisterwerke der Malerei (DVD-ROM), distributed by DIRECTMEDIA Publishing GmbH. ISBN :
3936122202 .
https://upload.wikimedia.org/wikipedia/commons/thumb/c/c3/Claude_Monet_with_his_palette_in_front_of_his_
work_'Les_nymphéas'%2C_photo_1920s%2C_attrib._to_Henri_Manuel.jpg/Henri Manuel
https://upload.wikimedia.org/wikipedia/commons/thumb/c/c3/Claude_Monet_with_his_palette_in_front_of_his_
work_'Les_nymphéas'%2C_photo_1920s%2C_attrib._to_Henri_Manuel.jpg/Henri Manuel
https://upload.wikimedia.org/wikipedia/commons/thumb/6/66/Claude_Monet_-_The_Water_Lilies_-_Setting_Su
n_-_Google_Art_Project.jpg/Q28797622 Joconde: 000PE003985 qAG-qyFHUPm1kg sur l'Institut culturel Google
https://upload.wikimedia.org/wikipedia/commons/thumb/a/a4/Claude_Monet_1899_Nadar_crop.jpg/Nadar
https://upload.wikimedia.org/wikipedia/commons/2/2a/Claude_Monet_-_The_Water_Lilies_-_The_Clouds_-_Goo
gle_Art_Project.jpgYQEt9_UVgiL-Og sur l'Institut culturel Google
https://upload.wikimedia.org/wikipedia/commons/thumb/1/17/L'orangeraie%2C_Paris_2008.jpg/ yves
Tennevin from La Garde, France
https://upload.wikimedia.org/wikipedia/commons/thumb/d/d8/Musée_de_l'Orangerie%2C_paul_guillaume_roo
ms_reconstruction_03.JPG/sailko
https://upload.wikimedia.org/wikipedia/commons/thumb/1/19/Musée_de_L'Orangerie%2C_hall.jpg/Brady

L'ORANGERIEFÜHRER

www.ingramcontent.com/pod-product-compliance
Lightning Source LLC
Chambersburg PA
CBHW070116230526
45472CB00004B/1288